So wie einst Real Madrid...
Die Geschichte des Europapokals 1955-1964

Klaus Leger

So wie einst Real Madrid...
Die Geschichte des Europapokals 1955–1964

Klaus Leger

Inhalt

Vorwort	**7**
Die Vorläufer	**8**
• Matthias Sindelar	11
1955/56	**17**
• Alfredo di Stefano	23
1956/57	**26**
• Ferenc Puskas	35
1957/58	**37**
• Jimmy Jones	37
• Matt Busby	47
1958/59	**49**
• Raymond Kopa	59
1959/60	**61**
• Billy Wright	73
1960/61	**74**
• Ladislao Kubala	86
1961/62	**88**
• Bela Guttmann	95
1962/63	**98**
• Eusebio	106
1963/64	**108**
Statistik	**118**

IMPRESSUM
© AGON Sportverlag
Frankfurter Straße 92a
D-34121 Kassel
bilder Archiv AGON Sportverlag, Archiv fussball-recherche.de, Archiv Hardy Grüne
satz & layout Bürte Hoppe, fussballrecherche.de
einband Werkstatt fur kreative Computeranwendungen Bringmann, Lohfelden
druck Fuldaer Verlagsanstalt

ISBN: 3-89784-211-4
Alle Rechte vorbehalten

Vorwort

••• Mein erstes Europacupspiel habe ich nur noch schemenhaft in Erinnerung. Es war wahrscheinlich das erste Fußballspiel überhaupt, das ich im Fernsehen sah. "Stadt Mannheim" hieß und heißt die Wirtschaft mit gutbürgerlicher Küche im Mannheimer Stadtteil Neckarau. Es muss 1961 gewesen sein, im vollen Nebensaal, wo auf einem Schrank ein Schwarzweiß-Fernseher stand. Der HSV traf im Halbfinale auf den CF Barcelona, und eigentlich befanden sich Uwe Seeler, Charly Dörfel und Co. schon im Endspiel, da flankte Suarez in der 90. Minute nochmals in den Strafraum, dort tauchte aus dem Nichts "Goldköpfchen" Kocsis auf und zerstörte in typischer Manier die Hamburger Träume. Im Finale rächte dann Benfica Lissabon mit einem 3:2-Erfolg gegen die Katalanen den HSV, das gleiche Benfica, das ich neun Monate später wieder sah - ich erneut im Nebensaal, die Portugiesen auf schneebedecktem Boden im Nürnberger Stadion gegen den "Club", der 3:1 gewann, aber im Rückspiel mit 0:6 unterging.

In einer Zeit, in der wir alle paar Tage mittels "La Ola", Eurosport, RTL und Günther Jauch nahezu sämtliche ausländischen Mannschaften begutachten und beurteilen können, fällt es schwer nachzuvollziehen, was es damals für uns hieß, Teams wie Real Madrid, den AC Milan oder Benfica Lissabon in Schwarzweiß sehen zu können.

Da kamen keine gestochen scharfen Bilder über den Schirm, wir waren meist froh, wenn eine Mannschaft weiße Trikot trug, damit wir die Gegner besser auseinander halten konnten, manchmal gingen ein paar Minuten verloren, weil die Leitung zusammenbrach, aber schon der Vorspann: Das Symbol der Eurovision und diese Hymne von Beethoven hatten etwas Gänsehautmäßiges.

In diesem Sinne sollen nachfolgende Zeilen etwas zurückholen von diesem Fußballspektakel, das damals Millionen von Fans in ganz Europa in seinen Bann zog. •••

Der Vorläufer:
••• Der Mitropacup

Hugo Meisl war Jude, Wiener, Kosmopolit und Fußballverrückter. Um die Jahrhundertwende unter anderem im so genannten "Ramblerteam", einer Mannschaft von Wochenendheimschläfern, selbst aktiv, war er auch als Schiedsrichter und ebenso als Verbandsfunktionär eine unbestrittene Kapazität und fungierte bereits vor dem Ersten Weltkrieg als Verbandskapitän des Österreichischen Fußballbundes.

Er beherrschte mehrere Sprachen fließend und war so ohne Mühe auf dem internationalen Fußballparkett zu Hause. Sein Horizont reichte weit über den Wiener Fußballtellerrand hinaus.

Der Mitropacup - übrigens ein frühes Beispiel für Sponsoring im Fußball, denn die gleichnamige Speisewagengesellschaft war Sponsor des Cups - war sein Kind. Der Wettbewerb umfasste die führenden Fußballnationen Mitteleuropas. Zunächst die damalige CSR, Ungarn, Jugoslawien und natürlich Österreich. Später tauschte man aufgrund der Spielstärke und der Tatsache, dass in Italien die Serie A ins Leben gerufen worden war, die Jugoslawen vorerst einfach gegen die Italiener aus, ehe nach einigen Jahren das Teilnehmerfeld erweitert wurde, so dass fortan sowohl Jugoslawien als auch Rumänien und die Schweiz am Cup teilnahmen. Hugo Meisl hatte auch schon Kontakte nach Spanien geknüpft, als dort der Bürgerkrieg ausbrach und das Thema somit erledigt war. Die Deutschen zeigten von Anfang an kein Interesse, und mit der Machtübernahme der Nazis, die dem "reinen" Amateurismus huldigten und das Profitum in Österreich, Ungarn und der Tschechoslowakei verteufelten, war es für den DFB ohnehin zu spät. Interessanterweise störte sich der "Duce" in Italien überhaupt nicht am Berufsspielertum, im Gegenteil: Das faschistische Italien sonnte sich in den Erfolgen seiner Profis, die 1934 und 1938 jeweils Fußballweltmeister wurden.

Das Prinzip des Mitropacups, mit dem zunächst einfach die Sommerpause überbrückt werden sollte, war einfach.

Sprachgenie und Fußballfan: Hugo Meisl

Teilnehmen sollten die jeweiligen Meister und Vizemeister eines Landes, es sei denn, der Verband meldete andere Mannschaften. Per Reglement wurden Hin- und Rückspiel festgelegt, Sieger war die Mannschaft, die über die Punktzahl die Entscheidung herbeiführen konnte (d.h. zwei Siege bzw. ein Sieg und ein Unentschieden) oder bei ausgeglichenem Punktekonto über das bessere Torverhältnis verfügte. Bei Punkt- und Torgleichheit musste ein Entscheidungsspiel für Klarheit sorgen.

1927 wurde der erste Wettbewerb durchgeführt. Teilnehmer waren Hungaria (vorher und heute MTK) und Ujpest Budapest aus Ungarn, BSK Belgrad und Hajduk Split aus Jugoslawien, Admira und Rapid Wien aus Österreich sowie Slavia und Sparta Prag aus der Tschechoslowakei. Eindeutig zu ersehen ist die in jenen Ländern vorherrschende Stellung der Vereine aus den großen Metropolen, im Vergleich etwa zu England, Deutschland oder Italien hatten "Provinzklubs" nichts zu bestellen. Sieger der ersten Auflage des Mitropacups wurden in zwei dramatischen Endspielen die "Granatroten" der Sparta aus Prag über die Wiener Rapidler.

Die Mannschaft der Stunde: Sparta Prag

Die beiden folgenden Jahre sahen mit Ferencvaros (1928 gegen Rapid) sowie Ujpest (1929 gegen Slavia Prag) jeweils Budapester Teams als Sieger, ehe es 1930 dann auch Rapid Wien gelang, in zwei umkämpften Endspielen Sparta Prag zu bezwingen und sich nach zwei vergeblichen Anläufen in die Siegerliste einzutragen. Das Jahr 1931 wurde zum Höhepunkt für den österreichischen Fußball. Hugo Meisl hatte nach heftigen Diskussionen mit Journalisten ein Team zu Papier gebracht und das Blatt den Vertretern der schreibenden Zunft im Kaffeehaus vor die Füße geworfen - nicht ohne Kommentar: "Da habt's euer Schmiranski-Team" - das "Wunderteam" war geboren. Österreichs Auswahl schlug sie alle, und wie: Deutschland in Berlin 6:0 und in Wien 5:0, den ewigen Rivalen Ungarn mit 8:2, Schottland 5:0. Die Engländer, die sich zu diesem Zeitpunkt die Ehre gaben, einmal im Jahr ein Team vom Kontinent nach England einzuladen, um es dort dann zu demontieren (wie im Jahr zuvor Spanien mit 7:1 - nie mehr sah der "göttliche" Ricardo Zamora so schlecht aus),

Die Vorläufer

luden das Wunderteam an die Stamford Bridge nach Chelsea ein und erlebten beinahe ihr blaues Wunder. Zunächst kamen die Donaustädter mit dem schweren Boden nicht zurecht und es sah nach einem Debakel aus, aber dann spielten nur noch die Wiener und waren dem Ausgleich sehr nahe. Trotz des 3:4-Endstandes waren die Österreicher die moralischen Sieger. Torwart Hiden, Verteidiger Sesta und der Angriff mit Zischek, Gschweidl, Sindelar, Schall und Vogel wurden zur Legende. Im selben Jahr kam es im Mitropacup zu einem reinen Wiener Finale zwischen dem First Vienna Football Club und dem Wiener AC. Die Vienna entschied die beiden Spiele zu ihren Gunsten.

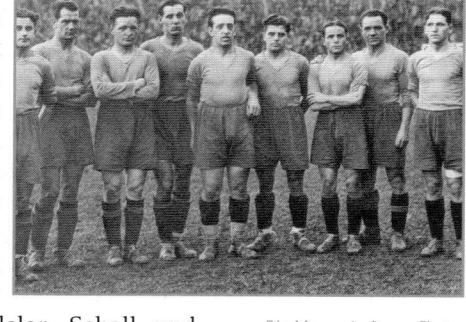

Die Mannschaft von First Vienna im Jahre 1931

Nachdem die italienischen Vertreter in den Vorjahren jeweils frühzeitig ausgeschieden waren, sollten sie ab dem Wettbewerb des Jahres 1932 eine bedeutende Rolle im Mitropacup spielen - wozu auch beitrug, dass die Italiener ihre verlorenen Söhne wieder entdeckten und Spitzenspieler aus Uruguay (Weltmeister 1930) und Argentinien (Vizeweltmeister 1930) verpflichtet und repatriiert wurden: Monti, Orsi und Cesarini spielten bei Juventus in Turin, Sansone und Fedullo beim FC (Football-Club) Bologna, der sich im Zuge der patriotischen Fanfarenstöße in "Bologna Sportiva" umbenennen musste (ähnlich wie Internazionale Mailand, das fortan "Ambrosiana" hieß).

Giampiero Combi

Juventus Turin kam 1932 bis ins Halbfinale, in dem die Italiener auf Slavia Prag trafen. Schon bei der ersten Begegnung in Prag kam es zu Ausschreitungen. Beim Rückspiel in Turin wurden die Prager vom aufgehetzten Publikum mit einem Steinhagel empfangen, und Giampiero Combi, der weltberühmte Torhüter und Kapitän der Turiner, verweigerte dem Mannschaftsführer der Slavia, dem nicht minder berühmten Torwart Frantisek Planicka den Handschlag. (Zwei Jahre später sollten beide sich beim WM-Finale in Rom wieder begrüßen können, diesmal inklusive Shakehands.) Planicka wurde in der 46. Minute so schwer von einem Steinwurf getroffen, dass er nicht mehr weiterspielen konnte - die Partie wurde abgebrochen. Das Organisationskomitee des Mitropacups ent-

Frantisek Planicka

schied salomonisch, dass keines der beiden Teams würdig sei, das Endspiel zu bestreiten, obwohl eigentlich die Slavia qualifiziert gewesen wäre. Aber angesichts des sich verschärfenden Chauvinismus in Europa wollte das Komitee ein Exempel statuieren. So war urplötzlich aus dem anderen Semifinale zwischen Vienna Wien und dem FC Bologna (Sportiva) das Finale geworden, in dem sich die Rot-Blauen aus der italienischen Universitätsstadt durchsetzten.

1933 ging dann der Stern eines Mannes so richtig auf, den sie in Wien den "Papierenen" nannten: Matthias Sindelar. Er war Mittelstürmer und "Spiritus Rector" der Wiener Austria. Zuerst fertigten die "Violetten" die "Rotsterne" der Prager Slavia ab, danach spielte Sindelar im Semifinale in Wien den allzeit ruppigen Monti von Juventus Turin schwindelig und schließlich entschied er mit einem Tor kurz vor Schluss im Praterstadion das Endspiel gegen Inter (Ambrosiana) Mailand zugunsten der Austria.

Auch im nächsten Jahr kam es zu einer italienisch-österreichischen Finalpaarung, aus der diesmal der Vertreter des Stiefellandes als Sieger hervorging: Der FC Bologna setzte sich gegen Admira Wien durch. Die Endspiele der Wettbewerbe von 1935 bis zur vorerst letztmaligen Austragung des Mitropacups anno 1939 wurden dann zu weitgehend tschechoslowakisch bzw. ungarisch dominierten Veranstaltungen. Sparta Prag siegte 1935 gegen Ferencvaros Budapest, und scheiterte ein Jahr später nur knapp an Austria Wien, 1937 unterlag Lazio Rom gegen Ferencvaros Budapest, jenen Klub, der in den beiden folgenden Jahren selbst

Portrait
Matthias Sindelar

Matthias Sindelar war und ist für die Österreicher ein Fußballheiliger.
1903 in Böhmen geboren, wuchs er im Wiener Arbeitervietel Favoriten auf. Von 1924 bis 1939 spielte er bei der dort beheimateten Austria, an deren beiden Mitropacupsiegen 1933 und 1936 er maßgeblichen Anteil hatte. Zwischen 1926 und 1937 war er Sturmführer der österreichischen Nationalmannschaft und damit auch der Kopf des "Wunderteams" der Spielzeit 1931/32. Zwar nannte man Sindelar auch den "Mozart des Fußballs", doch vor allem ein Name blieb haften: der "Papierne".
Das hatte etwas mit seiner Körperstatur zu tun, aber auch mit der Leichtigkeit, mit der er durch die gegnerischen Abwehrreihen schlüpfte. Er war der "Scheiberlkönig", d.h. er dirigierte ein perfektes Kurzpass-Spiel, das manchmal über acht bis zehn Stationen lief, ohne dass ein Gegner den Ball berühren konnte.
1938 war es dann vorbei mit dem "Scheiberln". Nach dem Einmarsch in Österreich wollte man von Seiten des nunmehr "Großdeutschen Reiches" eine ebenso großdeutsche Mannschaft zur WM nach Frankreich entsenden. Sepp Herberger lud Sindelar ein, aber der wollte mit den Nazis nichts zu tun haben und lehnte ab.
Am 23. Januar 1939 fand man Sindelar und seine Freundin (eine Jüdin, der die braunen Machthaber kurz zuvor das Kaffeehaus abgenommen hatten, das sie besessen hatte) tot in ihrer Wohnung auf - Gasvergiftung.
Die genauen Umstände des Todes wurden nie aufgeklärt. Ein Unfall? Selbstmord aufgrund der ausweglosen Situation? Oder hatten gar die Nazis ihre Finger in diesem letzten Spiel Sindelars gehabt?
Der Lyriker Friedrich Torberg widmete dem viel zu früh Verstorbenen ein Gedicht und die Wiener benannten eine Straße nach ihm - die "Sindelargasse" in Favoriten.

Die Vorläufer

wiederum im Finale den Kürzeren zog: 1938 gegen Slavia Prag und 1939 im stadtinternen Duell gegen Ujpest Budapest.

Am 1. September 1939 wurde laut dem "Führer" ab 5 Uhr 45 zurückgeschossen. Das Gemetzel dauerte bis zum 8. Mai 1945. In dieser Zeit mussten 60 Millionen Menschen das Expansionsstreben der Nazis mit dem Leben bezahlen, 6 Millionen Juden wurden ermordet und am Ende lag Europa in Schutt und Asche, bald darauf durchzogen vom Eisernen Vorhang, der Europa in zwei entgegengesetzte Gesellschaftssysteme teilte.

Die alten Mitropacupländer Ungarn, Tschechoslowakei und Jugoslawien schlugen unter dem Einfluss der Sowjetunion den sozialistischen Weg ein, während sich Österreich (offiziell neutral) und Italien unter amerikanischem Einfluss dem Kapitalismus zuwandten.

Der Mitropacup war tot. Es gab zwar Wiederbelebungsversuche, die aber nicht den alten Glanz der Jahre 1927-39 erstrahlen lassen konnten. Hugo Meisl und seinen Mitstreitern bleibt das Verdienst, in einer ökonomisch und politisch schwierigen Zeit mit dem Mitropacup einen über Ländergrenzen hinausgehenden Vereinswettbewerb ins Leben gerufen und auch durchgezogen zu haben. Damit schufen sie die Grundlagen für ein weiter reichendes Unternehmen, mit dem man wenige Jahre nach Kriegsende den Gedanken eines internationalen Klubwettstreits wieder aufnahm und den Versuch starten wollte, ganz Europa zumindest auf der Fußballbühne zu vereinen - die Idee eines Wettbewerbs aller europäischen Landesmeister wurde geboren, der bis heute Millionen von Menschen begeisternde und faszinierende "Europacup".

●●● Pokal der europäischen Meisterklubs

An die Stelle des Mitropacups als bedeutender europäischer Vereinswettbewerb war in den Nachkriegsjahren zunächst der "Latincup" getreten, ein zwischen den Saisons veranstaltetes Kurzturnier, das allerdings nur zwischen den Meistern Frankreichs, Spaniens, Portugals und Italiens ausgespielt wurde. Erster Gewinner wurde 1949 der CF Barcelona nach Siegen über Sporting Lissabon und Stade de Reims. Weitaus mehr Aufsehen, vor allem aber Bestürzung und Trauer erregte in diesem Jahr jedoch, dass im Verlauf des Cups die großartige Mannschaft des AC Turin (zwischen 1944 und 1949 ununterbrochen italienischer Meister) beim Rückflug vom Spiel bei Benfica tödlich verunglückte, als das Flugzeug bei dichtem Nebel an der Kirche von Superga bei Turin zerschellte. Damit war auch fast die gesamte italienische Nationalmannschaft ausgelöscht. Hunderttausende begleiteten die Spieler auf ihrem letzten Weg durch die Straßen Turins: Torwart Bacigalupo, Schubert, Rigamonti, Menti, Gabetto, Ossola, Loik, Mazzola, Trainer Erbstein, Manager Lievesley und all die anderen.

Am 4. Mai 1949 verunglückte die gesamte Turiner Mannschaft bei einem Flugzeugabsturz.
Der traurigste Tag in der italienischen Fußballgeschichte.

Pokal der europäischen Meisterklubs

Die Lederkugel rollte dennoch weiter, und der Fußballbetrieb auf Europas Spielfeldern kam immer mehr in Fahrt.

Es muss nach der Weltmeisterschaft 1954 gewesen sein, als die englische Sportpresse nach zwei Siegen der Wolverhampton Wanderers in Freundschaftstreffen gegen Spartak Moskau (4:0) und Honved Budapest (3:2) schon wieder von England als dem Lehrmeister in Sachen Fußball schwadronierte. Man hatte die Lehrstunden, die die Ungarn ihnen 1953 und '54 (6:3 in Wembley und 7:1 in Budapest) erteilt hatten, und das nicht sehr rühmliche Abschneiden der Nationalmannschaft bei der WM in der Schweiz offenbar schon wieder vergessen bzw. verdrängt.

Das Erfolgsteam der Wolverhampton Wanderers

Der anerkannte französische Sportjournalist Gabriel Hanot, Chefredakteur der "L'Equipe", fand die neuen, alten Töne der englischen Sportjournaille unangebracht und anmaßend. Er schlug vor, die europäischen Spitzenteams sollten sich in einer echten Meisterschaft messen. Hanot veröffentlichte bereits wenige Tage später einen Vorschlag für den Austragungsmodus eines solchen Wettbewerbs: Dieser trug ausdrücklich Pokalcharakter, die Sieger sollten in Hin- und Rückspielen unter der Woche ermittelt werden, bei Punktgleichheit sollte das Torverhältnis entscheiden, wenn auch dies Gleichstand bedeutete, ein Entscheidungsspiel auf neutralem Platz.

Teilnehmer des Cups sollten die Meister aus dem Vorjahr sein, sie konnten aber auch vom jeweiligen nationalen Verband bestimmt werden. (Letzteres wurde nur im ersten Jahr 1955/56 teilweise umgesetzt, ab 1957 setzte sich dann die Meisterversion durch.) Hanots Konzept stieß auf großes Interesse, und überraschenderweise waren es auch die Vertreter des englischen Meisters Chelsea London, die sich begeistert zeigten.

Am 3. Februar 1955 veröffentlichte "L'Equipe" einen Vorschlag bezüglich der 16 Klubs, die man zum ersten Turnier einladen wollte: Chelsea London, Rapid Wien, RSC Anderlecht, BK Kopenhagen, Hibernian Edinburgh,

Real Madrid, Stade de Reims, Holland Sport, Honved oder MTK Budapest, AC Mailand, Sporting Lissabon, Servette Genf, Partizan Belgrad, Rot-Weiß Essen, den Meister aus Schweden sowie den Vertreter des damals noch selbständigen saarländischen Fußballverbandes, den 1. FC Saarbrücken. Weiterhin wurden eingeladen: Dynamo Moskau und Spartak Prag, hervorgegangen aus der ruhmreichen Sparta. Bereits einen Tag später erklärte Gustav Sebes, der damalige ungarische Sportminister und Schöpfer des ungarischen Wunderteams der fünfziger Jahre, das grundsätzliche Einverständnis seines Verbandes. Am 1. März 1955 empfing das Exekutivkomitee der UEFA, die noch in den Kinderschuhen steckte, Gabriel Hanot und dessen Redaktionskollegen Jacques Ferran, die ihr Projekt vorstellten und erläuterten. Die Komiteemitglieder waren begeistert und erklärten ihre persönliche Zustimmung, wollten aber als Gremium die Stellungnahmen der jeweiligen Landesverbände abwarten.

Am 2./3. April 1955 lud "L'Equipe" die 18 Vertreter zu einer Vorbesprechung ein.

Außer Dynamo Moskau und Spartak Prag erschienen alle. Der Präsident des sowjetischen Fußballverbandes, Granatkin, erklärte, im Winter könne in der UdSSR nicht gespielt werden, wodurch es bereits jetzt im Sommer Terminprobleme gäbe und somit der sowjetische Meister nicht an diesem Wettbewerb teilnehmen könne. Es sollte bis 1967 dauern, ehe der erste Landesmeister der Sowjetunion seine Visitenkarte im Europapokal abgab - es war Dynamo Kiew.

Am 7./8. Mai 1955 stimmte die FIFA grundsätzlich der Veranstaltung zu. Am 21. Mai 1955 übernahm die UEFA die volle Verantwortung für den Wettbewerb und nannte ihn "Pokal der europäischen Meisterklubs".

Das Organisationskomitee traf sich zur entscheidenden Sitzung am 17. Juni 1955. Man beschloss, dass die Partien der ersten Runde in freier Vereinbarung zwischen den Klubs getroffen werden konnten und erst ab dem Viertelfinale der Lostopf zum Einsatz kommen sollte. Erstaunlicherweise kam es so u.a. zu dem Kuriosum, dass eine Erstrundenpaarung Sporting Lissabon - Partizan Belgrad lautete, obwohl das faschistische Salazar-Regime zu Titos sozialistischem Jugoslawien keinerlei diplomatische Beziehungen unterhielt. Für die Initiatoren war das ein ermutigendes Zeichen, ihr Projekt in diesem politisch und wirtschaftlich zerrissenen Europa voranzutreiben.

Ansonsten gab es noch ein paar Änderungen im Teilnehmerfeld, die auf das Betreiben der jeweiligen Landesverbände zurückgingen. So entschied man in den Niederlanden den 1954 aus den "Beroepsvotbalclubs" Rotterdam und Den Haag gegründeten Verein Holland Sport nicht teilnehmen zu lassen, stattdessen griff Philipps Eindhoven für die Niederlande in das Geschehen ein. Auch der österreichische Meister des Jahres 1955, Vienna Wien, musste seinem Lokalrivalen Rapid weichen, derweil die Dänen Aarhus GF an Stelle des vorgesehenen Kopenhagen BK als Teilnehmer bestimmten. Und schließlich beugte sich Chelsea London dem Druck der eigenen Liga, die befürchtete, der neue Wettbewerb könnte die englische Ligameisterschaft in der Gunst der Zuschauer ausstechen. Dies war rational nicht nachvollziehbar, aber andererseits "typisch britisch" - erst einmal die Entwicklung abwarten. Ein Jahr später war davon zwar keine Rede mehr, nur nützte das Chelsea (an dessen Stelle Gwardia Warschau an den Start ging) nichts, denn seither wurde der Klub nie mehr englischer Meister...

Aber der Wettbewerb konnte beginnen - der Ball kam ins Rollen.

Der französische Sportjournalist Hanot gilt als Vater des Europapokals

••• 1955/56

Peter Palotas - MTK Budapest

Die Premiere fand am 4. September 1955 im Nationalstadion von Lissabon statt. Die Partie zwischen Sporting Lissabon und Partizan Belgrad endete 3:3. Der erste Torschütze des Europacups war der Portugiese João Martins, der in der 14. Minute das 1:0 für Sporting erzielte und in der 78. Minute die zwischenzeitliche 2:3-Führung der Gäste ausglich. Aber das nützte alles nichts, denn im Rückspiel am 12. Oktober überrannten Bobek, Mihajlovic, Zebec und Milutinovic in Belgrad die Grün-Weißen aus Portugals Hauptstadt mit 5:2, wobei Milos Milutinovic, der bereits in Lissabon zwei Treffer erzielt hatte, mit vier Toren zum Matchwinner avancierte. Er war allerdings nicht der Erste, der im Europacup drei oder mehr Tore in einem Spiel erzielte: Diese Ehre kam am 7. September 1955 in Budapest dem Ungarn Peter Palotas zu, als "Vörös Lobogo" ("Rotes Banner", zuvor und heute wieder MTK Budapest), den belgischen Meister RSC Anderlecht aus Brüssel mit 6:3 überrannte. Auch beim 4:1 im Rückspiel ließen die zur damaligen Zeit Weltklasse darstellenden Magyaren um Palotas, Hidegkuti und Sandor nichts anbrennen - daran konnte

◀ Achtel-
finale

Das Estádio Nacional in Lissabon. Austragungsort des ersten Europapokalspiels

auch Anderlechts Starspieler "Jef" Mermans nichts ändern. Bei Servette Genf staunte man nicht schlecht, als und vor allem wie Real Madrid dort auftrat: Ganz souverän siegten die Spanier mit 2:0 und gestalteten auch das mühelose 5:0 vor eigenem Publikum zu einer einseitigen Angelegenheit. Wie den Genfern erging es zunächst auch Aarhus GF, das zu Hause gegen Stade de Reims, die cleveren Franzosen aus der Champagne, keine Chance hatte und mit 0:2 unterlag. Immerhin reichte es aber beim Rückspiel im Schatten der Kathedrale von Reims zu

1955/56

einem ehrenhaften 2:2. Die Hütteldorfer von Rapid Wien rechtfertigen derweil ihre Teilnahme und fertigten Philipps Eindhoven mit 6:1 ab, so dass die 0:1-Niederlage in den Niederlanden keine Kopfschmerzen bereitete. Der schwedische Starter Djurgården Stockholm musste sich zu Hause gegen Gwardia Warschau überraschend mit einem torlosen Unentschieden zufrieden geben, siegte dann aber in Polen mit 4:1.

Der deutsche Vertreter Rot-Weiß Essen hatte sich durch seine Südamerikatourneen, bei denen die Männer von der Ruhr hervorragende Ergebnisse erzielten, einen Namen gemacht. Und sie gaben ja auch was her mit Nationaltorwart Herkenrath, dem Stopper Wewers, Kapitän Gottschalk, "Penny" Islacker (dem dreifachen Torschützen beim '55er-Endspielsieg über Kaiserslautern) und natürlich dem Weltmeister Helmut "Boss" Rahn. Aber irgendwie nahm man die erste Partie gegen die "Hibs" aus Edinburgh nicht richtig ernst, die Oberliga West war wohl wichtiger, und so brach man mit 0:4 ein. Wenigstens schafften die Essener im Rückspiel ein 1:1.

Ganz anders präsentierte sich der zweite, damals aber nicht offiziell "deutsche" Vertreter, der 1. FC Saarbrücken. Die "Malstätter" hatten sich in Europa ohnehin bereits einen Namen gemacht. 1946 waren sie der erste Meister in der Nordzone der Oberliga Südwest gewesen, dann in die 2. Liga Frankreichs eingegliedert worden und hatten sich dort umgehend ebenfalls die Meisterschaft gesichert. Die Franzosen verweigerten ihnen jedoch den Aufstieg, da man befürchtete, diese Klassemannschaft könnte auch in der 1. französischen Liga durchmarschieren, und einen französischen Meister aus dem besetzten Saarland... das wollte man wohl nicht in Paris. So waren die Saarbrücker gezwungen, an ausländischen Turnieren teilzunehmen bzw. eigene, mit namhaften internationalen Gegnern besetzte Veranstaltungen auszurichten. Die Presse sprach von der "interessantesten Mannschaft Europas". 1951/52 durfte der Verein wieder in der Oberliga Südwest mitspielen, wurde auf Anhieb Meister und scheiterte im Endspiel

Die Nationalmannschaft des Saarlandes – fast das gesamte Team entsprang dem 1. FC Saarbrücken

1955/56

● **1. FC Saarbrücken**
Fischbach; Puff, Keck; Krieger, Momber, Philippi; Otto, Martin, Binkert, Siedl, Schirra

● **AC Mailand**
Ciceri; Maldini, Beraldo; Liedholm, Ganzer, Bergamaschi; Dal Monte, Carminati, Nordahl, Schiaffino, Valli

um die deutsche Meisterschaft vor 80.000 Zuschauern in Ludwigshafen nur knapp und durch Verletzungspech mit 2:3 am VfB Stuttgart. Verbandstechnisch und auch politisch hatte das Saarland aber nach wie vor einen besonderen Status in Europa. So spielte die Saar 1953/54 in der Qualifikation für die Weltmeisterschaft 1954 mit Norwegen und der BRD in einer Gruppe. Und so kam auch die Teilnahme des FCS am Europacup 1955/56 zustande.

Die angesammelte internationale Erfahrung der "Molschder" bekam zunächst auch der AC Milan zu spüren. In San Siro verloren die "Rossoneros" nach einer 3:1-Führung bei strömendem Regen noch mit 3:4 gegen die Männer von der Saar, und am "Kieselhumes" in Saarbrücken sah es bei einem Zwischenstand von 1:1 eine Viertelstunde vor Schluss ebenfalls so aus, als könnten die Blau-Schwarzen die Rot-Schwarzen in Schach halten. Dann unterlief Puff ein Eigentor und die Milanesen entschieden die Partie noch mit 4:1 zu ihren Gunsten.

Rapid Wien gegen den AC Mailand - das war zumindest auf dem Papier für viele der Hit des Viertelfinales. In Wien hieß es am Ende noch 1:1. Doch nach dem Rückspiel in Mailand schrieben österreichische Kritiker, Rapid sei regelrecht "geschlachtet" worden. Und tatsächlich war Wiens Fußballruf in San Siro arg ramponiert worden: Das Mailänder Innentrio mit dem Argentinier Ricagni, dem Schweden Nordahl und dem Uruguayer Schiaffino glänzte - am Ende stand es 7:2 für Mailand.

◀ Viertelfinale

Djurgården Stockholm verzichtete wegen des strengen Winters in Schweden auf den Heimvorteil und spielte im Firhill Park zu Glasgow, was für die "Hibs" aus Edinburgh von großem Vorteil war, denn mit der Unterstützung ihrer Landsleute siegten sie in Glasgow mit 3:1, so dass das 1:0 in Edinburgh reichte. Somit stand der schottische Meister doch etwas überraschend im Halbfinale.

Der französische Titelträger Stade de Reims wich bei großen Spielen in den Parc des Princes nach Paris aus. Am 14. Dezember 1955 kamen 35.000 Zuschauer in das Stadion, als dort MTK (bzw. offiziell "Vörös Lobogo") Budapest zu Gast war. Und die Massen brauchten ihr Kommen nicht zu bereuen. Die Begegnung wurde zu einem Triumph der Offensive und der Spielkultur. Reims

1955/56

siegte unter der Regie von Kopa mit 4:2, doch viele befürchteten, dass selbst dieses Ergebnis bei der Klasse der Ungarn im Rückspiel nicht reichen könnte. Aber Albert Batteux, Trainer der "Rémois", gab auch für das Rückspiel die Parole aus: "Offensive, Offensive!"

Und 35.000 in Budapest staunten nicht schlecht, als die Franzosen herrlich offensiv spielten, sozusagen in Champagnerlaune. 3:1 führten sie zur Pause, 4:1 nach 52 Minuten - das wollten die Magyaren doch nicht widerstandslos hinnehmen: In einem grandiosen Endspurt schafften sie noch ein 4:4. Es war schade, dass eines der beiden Teams ausscheiden musste - in diesem Fall MTK.

Die "Partisanen" aus Belgrad mussten, diesmal durch Losentscheid, wieder in ein faschistisch regiertes Land reisen - diesmal nach Franco-Spanien. Sie wurden am ersten Weihnachtsfeiertag 1955 von 100.000 Madrilenen sportlich empfangen. Entlassen wurden sie allerdings mit einem 0:4. Aussichtslos - dachten viele. Aber als Real ganz in Weiß am 29. Januar 1956 das Armee-Stadion in Belgrad betrat, lag dort Schnee. 40.000 Fans hatten sich eingefunden - bei 30°C.!

Im Tor der Jugoslawen debütierte mit 18 Jahren Milutin Soskic, der später bei der WM 1962 ein großer Rückhalt für Jugoslawien war und 1966 im Endspiel um den Europacup der Landesmeister in Brüssel mit Partizan gegen Real Madrid mit 1:2 verlor. Später spielte er noch in Deutschland und wurde 1968 mit dem 1.FC Köln gegen den Regionalligisten VfL Bochum deutscher Pokalsieger.

Doch zurück zu jenem bitterkalten Januartag 1956 in Belgrad. Die "Partisanen" spielten wie im Rausch. Zebec dirigierte, Milutinovic gelangen wieder zwei Tore, aber di Stefano kommandierte Reals Abwehr vor allem in der zweiten Halbzeit, als hätte er nie etwas anderes getan. Am Ende hielten die "Meringues" ein 0:3 und wälzten sich anschließend vor Freude im Schnee, woraufhin die erregten Zuschauer die Spanier mit einem wahren Hagel von Schneebällen bombardierten und die Partizan-Akteure ihren Kollegen aus Madrid Geleitschutz geben mussten.

▶ Halbfinale

Der erste Teil des Halbfinales wurde zu einer glatten Angelegenheit: Hibernian Edinburgh hatte keine Chance gegen Stade de Reims, dessen Überlegenheit in den

● **MTK Budapest**
Veres; Kovacs II, Börzsei; Lantos, Kovacs I, Kovacs III; Sandor, Hidegkuti, Palotas, Molnar, Szimcsak

● **Stade de Reims**
Sinibaldi; Zimny, Jonquet; Giraudo, Penverne, Cicci; Templin, Glovacki, Kopa, Leblond, Bliard

● **Partizan Belgrad**
Soskic; Belin, Lagorevic; Kaloperovic, Zebec, Pajevic; Mihajlovic, Milutinovic, Valok, Bobek, Herceg

● **Real Madrid**
Alonso; Becerril, Marquitos; Lesmes, Muñoz, Zarraga; Castano, Olsen, di Stefano, Rial, Gento

1955/56

Milos Milotinovic schoss zwei Tore im Spiel gegen Real Madrid

Real Madrid
Alonso; Atienza, Marquitos; Lesmes, Muñoz, Zarraga; Joseito, Perez-Paya, di Stefano, Rial, Gento

Stade de Reims
Jaquet; Zimny, Giraudo; Leblond, Jonquet, Siatka; Hidalgo, Glovacki, Kopa, Bliard, Templin

Ergebnissen (2:0 und 1:0) gar nicht zum Ausdruck kommt.

Als vorweggenommenes Endspiel wurde die andere Semifinal-Partie zwischen Real Madrid und dem AC Mailand angesehen. Die erste Begegnung an einem Donnerstag (19. April 1956) setzte vollkommen neue Zuschauermaßstäbe für ein Spiel unter der Woche: 120.000 Menschen füllten das Bernabeu-Stadion im Madrider Stadtteil Chamartin. Zweimal glichen Nordahl und Schiaffino die jeweilige Führung von Real durch Rial und Joseito aus, dann aber sorgten Olsen und di Stefano für einen Zwei-Tore-Vorsprung der "Königlichen". Noch waren sich die Spanier nicht sicher, ob das gegen die starken Italiener reichen würde, speziell nach den Erfahrungen der Zitterpartie von Belgrad. Allerdings passierten am 1. Mai 1956 lediglich 30.000 Besucher die Tore des Stadio Communale di San Siro und sahen, dass ihre Elf nicht in der Lage war, Real ernsthaft zu gefährden. Nur durch zwei Elfmeter, die dal Monte verwandeln konnte, schafften die "Milanisti" wenigstens einen 2:1-Sieg.

Somit standen die beiden Finalisten für das Endspiel am 13. Juni 1956 im Pariser Prinzenpark fest:

Real Madrid und Stade de Reims.

◂ Finale

40.000 Zuschauer strömten erwartungsfroh in das Stadion, und sie wurden nicht enttäuscht: Beide Mannschaften schlugen technisch eine feine Klinge und frönten dem Offensiv-Fußball. Die großen Kontrahenten auf dem Platz waren natürlich die Regisseure: Alfredo di Stefano und Raymond Kopa, der Sohn polnischer Einwanderer, der eigentlich Kopaszewski hieß, es aus frankophonen Erwägungen aber mit der Zeit bei den ersten vier Buchstaben beließ.

Pikanterweise hatte sich Santiago Bernabeu, der Präsident Reals, vor dem Spiel die zukünftigen Dienste des Franzosen für Madrid gesichert. Aber in diesem Spiel war Kopa ganz der Kopf und Dirigent der "Rémois". Und die legten los wie die Feuerwehr. Nach gerade einmal zehn Minuten stand es durch Leblond und Templin bereits 2:0.

Damit hatten die Franzosen allerdings den "Blonden Pfeil" aus Madrid zu sehr gereizt - sie hatten den Stier sozusagen an den Hörnern gepackt. Di Stefano höchst-

1955/56

Die Finalisten von Stade de Reims
hinten v. l.: Batteux, Cicci, Zimmy, Jonquet, Leblond, Jacquet, Siatka, Giraundo, Penverne
Vorne v.l.: Hidalgo, Glovacki, Kopa, Bliard, Templin, Sinibaldi

Real Madrid vor dem Finale
hinten v.l.: Villalongo, Alonzo, Atienza, M.Alonso, Lesmes, Munoz, Zaranga
vorne. v.l.: Iglesias, Marsal, Di Stefano, Rial, Gento

persönlich besorgte in der 14. Minute den Anschlusstreffer und bestimmte ab jetzt den Takt des Spiels. Sein argentinischer Landsmann Hector Rial glich in der 30. Minute aus. Das Spiel wogte hin und her.

In der 62. Minute erzielte Michel Hidalgo, der spätere Nationaltrainer Frankreichs, der die "Equipe tricolore" mit Platini, Giresse und Tigana 1984 zum Europameistertitel führte, per Kopf das 3:2 für Reims. Aber Real ließ nicht locker. Schon fünf Minuten später der erneute Ausgleich durch Marquitos. Rial blieb es schließlich vorbehalten, elf Minuten vor Schluss die Entscheidung für die Madrilenen herbeizuführen. Am Ende hatte Real verdient mit 4:3 gewonnen, aber ebenso gut hätte der Sieger auch Stade de Reims heißen können.

Das faire Pariser Publikum feierte beide Teams für dieses großartige Finale, das einen glanzvollen Schlusspunkt unter die erste Europacuprunde setzte. Der

Portrait
Alfredo di Stefano

Sie nannten ihn den "Blonden Pfeil", damals, um das Jahr 1944 herum, als aus den Katakomben des River-Plate-Stadions in Buenos Aires ein 18-jähriger blonder Jüngling im weiß-roten Trikot den Rasen betrat. Rechtsaußen sollte er spielen in dem Sturm, den auch als "la maquina" bezeichnet wurde, weil Muñoz, Moreno, Pederera, Labruña und Loustau nicht nur schönen Fußball zelebrierten, sondern auch noch Tore wie am Fließband produzierten, und dies trotz großer Konkurrenz wie Huracan, Independiente, Racing und Boca Juniors.

Di Stefano fügte sich nahtlos in diese Elf ein und hatte alsbald seinen Stammplatz sicher. Torwart Carrizo, selbst eine feste Größe von River Plate, sagte Jahre später, schon damals in jungen Jahren sei di Stefano ein Genie gewesen, dessen außerordentliche Fähigkeiten jedem bald klar gewesen seien. Es dauerte nicht lange, bis di Stefano auch in der argentinischen Nationalelf auftauchte. Schon 1947 war er maßgeblich am Gewinn der Copa America in Ecuador beteiligt.

Die Verantwortlichen des argentinischen Fußballverbandes zerstritten sich in der Folgezeit mit ihren brasilianischen Kollegen, was sie veranlasste, nicht zur WM 1950 nach Rio de Janeiro zu fahren, und so hatte di Stefano nicht die Möglichkeit, sein Können bereits damals auf der großen internationalen Fußballbühne zu präsentieren. In diesem Zeitraum krachte es auch gewaltig im Gebälk des argentinischen Fußballs. Es gab Streit zwischen dem Verband, den Vereinen und den Spielern. Die Vereine wollten die Gehälter nicht mehr bezahlen. Die Folge war ein Spielerstreik - zum Entsetzen der Fans. Di Stefano war ein Wortführer der Aktiven. Es kam zu keiner Einigung, so dass viele Top-Akteure ihre Koffer packten und sich auf den Weg ins neue "Fußball-Dorado" nach Kolumbien machten. Dort waren Geschäftsleute und Geschäftemacher dabei, eine Profiliga auf die Beine zu stellen. Di Stefano, Rossi, Pederera und Rial landeten bei den Millionarios de Bogota, und Jahre später bezeichnete di Stefano diese Zeit für ihn als sportlich, beruflich und privat sehr positiv.

1952 feierte Real Madrid sein 50-jähriges Jubiläum. Deshalb lud man in das neue 100.000-Mann-Stadion nach Chamartin den IFK Norrköping aus Schweden und eben jene Millionarios zu einem Kurzturnier ein. Damals war man in Madrid nicht sehr glücklich über die sportliche Situation Reals. Man hinkte seit Jahren dem Ortsrivalen Atletico und (was noch schlimmer war) dem CF Barcelona aus dem mehrheitlich republikanisch gesinnten Katalonien hinterher. Zudem hatten sich die Katalanen die Dienste des Fußballglobetrotters Ladislao Kubala gesichert, der schon als blutjunges Talent sowohl in der Nationalmannschaft Ungarns als auch jener der Tschechoslowakei gestanden hatte und den es dann nach Barcelona verschlug.

Bei dem Jubiläumsturnier zauberte das "Blaue Ballett" aus Bogota, und vor allem di Stefano begeisterte die Verantwortlichen von Real. Bernabeu beauftragte seinen Vertrauten und Schatzmeister Saporta, diesen Mann unbedingt zu verpflichten. Damit begann ein unsägliches Tauziehen. Denn auch der CF Barcelona hatte Lunte gerochen. Mit di Stefano und Kubala wäre Barcelona in Spanien wahrscheinlich auf Jahre hinaus nicht zu stoppen gewesen, möglicherweise hätte man auch die europäische

1955/56

Fußballgeschichte ganz anders schreiben müssen, und es ist fraglich, ob Real Madrid im Jahre 2000 zur Mannschaft des Jahrhunderts gewählt worden wäre.

Beide Vereine zahlten Geld an River Plate, das laut FIFA immer noch "Besitzer" von di Stefano war. Die Profiliga in Kolumbien ging mittlerweile Pleite. River Plate wollte di Stefano schon dem AC Turin verkaufen, aber di Stefano ging nach Spanien. Einflussreiche Franco-Vertraute wollten fußballerisch und somit auch politisch ein Gegengewicht schaffen zu dem vom Regime ungeliebten Klub aus Barcelona. Und sie spürten, dass man dazu di Stefano brauchte - vor allem der visionäre Bernabeu, der schon über die Grenzen Spaniens hinausdachte und begriff, welches Juwel es hier zu bergen galt. Mit "Barca" schloss man ein Agreement: Di Stefano sollte abwechselnd jeweils eine Saison für die Katalanen und eine Saison für Real spielen. Man sagt, Bernabeu habe di Stefano geraten, in Barcelona unter seinen Möglichkeiten zu bleiben. Und tatsächlich - die ersten Spiele schüttelten die katalanischen Fans und Verantwortlichen nur den Kopf über den vermeintlichen Fehleinkauf, woraufhin genau das eintrat, was Bernabeu geplant hatte: Barcelona verzichtete auf die Dienste des "Blonden Pfeils", und Real verpflichtete ihn jetzt endgültig. (Das nächste Heimspiel fand in Chamartin ausgerechnet gegen "Barca" statt. Di Stefano spielte in Hochform, Real gewann 5:0.)

Unter di Stefanos Regie holte sich Real 1954 nach Jahrzehnten wieder den spanischen Meistertitel. Dieser Triumph wurde 1955 wiederholt, womit die Berechtigung zur Teilnahme am ersten Europacup-Wettbewerb geschaffen war. Die Erfolgsstory von Real Madrid und "Don Alfredo" konnte beginnen. Er war die Leitfigur, der Chef der Mannschaft für das nächste Jahrzehnt. Unabhängig davon, wie viele internationale Stars um ihn herum waren (Santamaria aus Uruguay, Kopa aus Frankreich, Puskas aus Ungarn, Didi aus Brasilien - in ihren jeweiligen Heimatländern allesamt Stars und unumstrittene Führungspersönlichkeiten): Bei Real war di Stefano der Chef. Er dirigierte, verteidigte, schuftete, brillierte technisch, bereitete Tore vor oder schoss sie selbst, wenn es notwendig war: In jedem Europacup-Endspiel von 1956 bis 1960 erzielte er mindestens einen Treffer.

Es gibt ein Video von Reals 1960er-Finale gegen die Frankfurter Eintracht vor 135.000 Zuschauern in Glasgow (7:3), auf dem alle vorgenannten Qualitäten di Stefanos hervorragend dokumentiert sind - ein Leckerbissen bzw. Augenschmaus für jeden Fußballfan.

Di Stefano führte sein Team nach 1960 noch zweimal in das Europacupendspiel: 1962 gegen Benfica

Alfredo di Stefano galt als einer der weltbesten Fußballer

1955/56

> Lissabon in Amsterdam (3:5) und 1964 gegen Inter Mailand (1:3) in Wien. Nach letztgenanntem Finale bot man "Don Alfredo" in Madrid einen "ruhigen Job" an - er war den Herren zu alt geworden und war darüber so verärgert, dass er noch einmal für zwei Jahre zu Español Barcelona wechselte - Spielertrainer war dort Ladislao Kubala, mit dem ihn doch so etwas wie Freundschaft und Zuneigung verband. Beide spielten auch für die spanische Nationalmannschaft, mit der sie allerdings keine Erfolge feiern konnten.
>
> 1966 hängte der "Blonde Pfeil" im Alter von 40 Jahren die Fußballschuhe schließlich an den Nagel, nachdem ihn eine seiner Töchter darauf angesprochen hatte, warum er denn immer noch, mittlerweile glatzköpfig, in einer kurzen Hose diesem Ball nachlaufe.
>
> Alfredo di Stefano war zweifelsohne eine der größten Spielerpersönlichkeiten des internationalen Fußballs.

Wettbewerb hatte seine Feuertaufe bestanden, was sich auch im Zuschauerschnitt von 33.565 pro Spiel niederschlug, wobei man berücksichtigen muss, dass allein Real Madrid in seinen drei Heimspielen jeweils über 100.000 Zuschauer mobilisieren konnte. Die herausragenden Protagonisten des Premieren-Wettbewerbs waren Alfredo di Stefano, Raymond Kopa, Milos Milutinovic sowie Nandor Hidegkuti. Und bei allen Schwächen, welche diese erste Auflage des Europacups aufzuweisen hatte - die Nichtteilnahme von Dynamo Moskau, Spartak Prag und Chelsea London sowie der Umstand, dass der Cup in Deutschland und Italien noch nicht den Stellenwert hatte wie schon kurze Zeit später -, ließ sich festhalten: Der Wettbewerb war auch ein Erfolg, weil er tollen Fußball über die innereuropä-

Raymond Kopa einer der herausragenden Spieler des ersten Europacup-Finales

ischen Ländergrenzen hinaus bot, ungeachtet der politischen, kulturellen und ökonomischen Unterschiede und Gegensätze im Europa des Jahres 1956.

Europa rückte zumindest im Fußball ein wenig zusammen, und das nächste Jahr sollte einen weiteren Aufschwung des Europacups bringen.

••• 1956/57

Der Europacup (bzw. die Teilnahmewilligkeit an ihm) kam allmählich auf Touren. Diesmal musste eine Qualifikation ausgespielt werden, da sich 22 Mannschaften gemeldet hatten. Aus dem Ostblock kamen die Tschechoslowakei (Slovan Bratislava), Bulgarien (CDNA Sofia) und Rumänien (Dinamo Bukarest) hinzu, Spora Luxemburg vertrat das Großherzogtum, Galatasaray Istanbul die Türkei. Mit Titelverteidiger Real Madrid und Meister Atletico Bilbao schickte Spanien gleich zwei Teams ins Rennen. Als besonderer Erfolg und deutliches Zeichen für die wachsende Bedeutung bzw. Akzeptanz des Wettbewerbs galt die Teilnahme des englischen Meisters Manchester United an dieser zweiten Auflage des Europapokals.

Außer Sofia mussten alle Neuen durch die Qualifikation. Dabei schalteten die Bukarester erwartungsgemäß Galatasaray Istanbul aus, wobei dies mit 3:1 bzw. 1:2 aber nur relativ knapp gelang. Keine Probleme hatte hingegen der französische Meister OGC Nizza mit den Dänen aus Aarhus. Dem 1:1 auf der jylländischen Halbinsel folgte ein souveränes 5:1 an der Côte d'Azur.

Slovan Bratislava ließ CWKS Warschau keine Chance. Vor heimischem Publikum siegte der CSR-Meister aus der Slowakei mit 4:0, da spielte die 0:2-Niederlage in Warschau keine Rolle mehr. Der mit Pol und Brychczy durchaus prominent besetzte rechte Flügel der Polen kam gegen die starken Slowaken nicht an. Slovan hatte nicht nur technisch hervorragende Stürmer wie Moravcik und Molnar in seinen Reihen, sondern konnte sich zudem in der Abwehr auf Torhüter Viliam Schrojf verlassen, der sechs Jahre später bei der WM 1962 in Chile durch seine Weltklasseleistung die CSSR fast alleine zur Vizeweltmeisterschaft führte (1:3 im Endspiel gegen Brasilien).

Auch bei Atletico Bilbao spielte ein Tschechoslowake eine tragende Rolle: Ferdinand Daucik hatte bereits als Spieler Erfahrungen im Mitropacup gesammelt und war mittlerweile ein hervorragender Trainer. Unter seiner Leitung hatten die Basken 1956 die spanische Meisterschaft

Viliam Schrojf war für Slovan Bratislava ein starker Rückhalt

1956/57

errungen und zogen nun über den FC Porto in das Europacupachtelfinale 1956/57 ein. Die Blau-Weißen aus Porto mussten sich schon im Hinspiel zu Hause mit 1:2 geschlagen geben und wurden im Rückspiel von Bilbaos Rechtsaußen Arteche, der alle drei Treffer für sein Team zum 3:2-Endstand erzielte, beinahe im Alleingang besiegt.

Am 12. September 1956 erfolgte in Brüssel beim RSC Anderlecht der erste Auftritt von Manchester United auf der Europapokalbühne. Der Schotte Matt Busby, in den 30er Jahren selbst ein guter Spieler bei Manchester City, hatte ein junges, begeisterungsfähiges Team aufgebaut, von dem ganz England schwärmte. Man nannte sie die "Busby-Babes" - Roger Byrne, Duncan Edwards, Tommy Taylor, Billy Foulkes, Dennis Viollet und Bobby Charlton sollten bald auch auf dem europäischen Festland für Furore sorgen.

Der grandiose Mittelstürmer Tommy Taylor von Manchester United

Mit 2:0 ließen es die Briten in Brüssel noch geruhsam angehen, aber beim Rückspiel kannten sie keine Gnade: Zur Pause hieß es bereits 5:0, und in der zweiten Halbzeit sattelten sie nochmals fünf Tore drauf, so dass die Anderlechter Akteure um Mermans und van den Bosch mit dem 0:10 im Gepäck ziemlich geschockt wieder in Brüssel landeten.

Ausgerechnet diese "Busby-Babes" sollten im Achtelfinale auf den deutschen Vertreter Borussia Dortmund treffen. Die Männer aus der Bierstadt, die 1956 im Endspiel um die deutsche Meisterschaft den Karlsruher SC mit 4:2 besiegt hatten, hatten sich in der Qualifikation gegen Spora Luxemburg überraschend schwer getan. Am 1. August 1956 (noch während der Saisonvorbereitung) brachte der Spora-Halblinke Marc Boreux mit seinen drei Treffern die Borussen und die 20.000 Zuschauer in der "Kampfbahn Rote Erde" fast zur Verzweiflung. Zweimal gelang ihm die Führung und in der 88. Minute der Treffer zum 3:4-Endstand. Dieses dritte Tor von Boreux hatte insofern Auswirkungen, als die Dortmunder in Luxemburg gar mit 1:2 verloren, und somit ein Entscheidungsspiel notwendig wurde, das am 16. September 1956 in Einverständnis mit den Luxemburgern erneut in der "Roten Erde" ausgetragen wurde. Der Spielbetrieb in der Oberliga West war mittlerweile wieder in vollem Gang und die Borussia auf Kurs: Kelbassa schoss allein drei

1956/57

Tore beim 7:0. Der Oktober 1956 brachte dann zunächst einmal auf der außersportlichen Ebene wegweisende Ereignisse mit sich: Ab dem 1.10. flimmerte die "Tagesschau" täglich über den Schirm, am 16.10. wurde der bisherige Atomminister Franz Josef Strauß von Bundeskanzler Adenauer zum Verteidigungsminister ernannt, am 22.10. wurden die Führer der algerischen FLN von der französischen Polizei verhaftet und einen Tag später begann in Budapest der Aufstand gegen die kommunistische Rakosi-Regierung. Sportlich ging es dagegen weitaus geruhsamer zu, auch wenn am 17. Oktober mit der Partie zwischen Manchester United und Borussia Dortmund das Europacup-Achtelfinale startete, das sich, da die Klubs ihre Spieltermine im vorgegebenen Zeitrahmen der UEFA immer noch untereinander und nach freien Stücken vereinbarten, bis zum Dezember hinzog.

◀ Achtelfinale

Alfred Kelbassa konnte beim Spiel gegen Spora Luxembourg einen Hattrick verbuchen.

Auf Seiten der Dortmunder glaubte anfangs wohl niemand an eine ernsthafte Chance gegen den englischen Meister. Und die Skeptiker sahen ihre Befürchtungen zunächst bestätigt: Manchester United überspielte die Deutschen innerhalb einer halben Stunde. Zweimal Viollet (in der 10. und 25.) sowie Linksaußen Pegg von rechts in der 35. Minute, und es stand zur Halbzeit 3:0 für ManU. 75.000 Zuschauer spendeten Heinz Kwiatkowski, der sich zwischendurch in eine ganze Reihe gefährlicher Schüsse hineinwarf, begeisterten Beifall. Ohne Kwiatkowski hätte es zur Pause auch 6:0 stehen können. Technisch konnten Preißler und Michallek mit den Taylors und Edwards aber durchaus mithalten, und als die Borussen nach dem Seitenwechsel wesentlich konsequenter deckten, kam Manchester nicht mehr so zum Zuge wie im ersten Abschnitt. Die Gelb-Schwarzen holten auf. Kapitulski (68.) und Preißler (77.) brachten den BVB heran und beinahe wäre sogar noch der Ausgleich gelungen.

Heinz Kwiatkowski wurde von den Borussen-Fans frenetisch gefeiert

BVB-Präsident Wilms hätte für das Rückspiel gerne ein Stadion für 80.000 Zuschauer gehabt. Kein Zweifel, es wäre an diesem Tag voll gewesen. So drängten sich am 21. November 45.000 Menschen in der "Roten Erde". Die Dortmunder machten sich nach dem knappen Hinspielresultat nunmehr durchaus Hoffnungen. Sie spielten

Borussia Dortmund
Kwiatkowski; Burgsmüller, Sandmann; Schlebrowski, Michallek, Bracht; Peters, Preißler, Kelbassa, Niepieklo, Schmidt

Manchester United
Wood; Foulkes, Byrne; Colman, Jones, McGuiness, Berry, Whelan, Taylor, Edwards, Pegg

auch großartig, und Duncan Edwards fand als Halbstürmer seinen Meister in dem groß aufspielenden Schlebrowski, aber Uniteds Abwehr um Foulkes und Byrne hielt stand, und Kelbassa scheiterte immer wieder an Torhüter Wood. Sogar britische Journalisten räumten nach dem 0:0 ein, dass ManU mit Glück die nächste Runde erreicht hatte. Begleitet wurden die "Rotjacken" übrigens vom Torwart des Lokalrivalen Manchester City, dem gebürtigen Bremer Bert Trautmann. Dieser war als POW (prisoner of war) in England hängen geblieben und galt als bester Botschafter, den Deutschland je in Großbritannien hatte. Wenige Tage nach dem Dortmunder Match nahm er bei City wieder das Training auf, nachdem er durch eine schwere Verletzung, die er sich beim englischen Pokalfinale 1956 gegen Birmingham City (3:1 für Manchester City) zugezogen hatte, lange Zeit außer Gefecht gewesen war. (Das Glück hatte ihm zur Seite gestanden, denn der Halswirbelanbruch hätte auch tödlich verlaufen können.)

Der Armeeklub aus Sofia, übrigens fast identisch mit der bulgarischen Nationalmannschaft, machte bei seinem Aufeinandertreffen mit dem Balkankonkurrenten von Dinamo Bukarest recht wenig Federlesens. In Sofia gab es einen 8:1-Kantersieg, für den sich die Rumänen bei ihrem 3:2-Erfolg vor heimischer Kulisse nur unzureichend revanchieren konnten.

Die hoch gehandelten Rangers aus Glasgow hatten hingegen erhebliche Probleme mit dem französischen Meister OGC Nizza und scheiterten schließlich sogar. Vor 65.000 im Ibrox Park reichte es nur zu einem 2:1-Sieg, ein Ergebnis, das die Südfranzosen im Rückspiel nach einem Rückstand innerhalb einer Minute umdrehen konnten. Und sie blieben auch Sieger beim 3:1 im Entscheidungsspiel am 28. November im Pariser Prinzenpark.

Slovan Bratislava kam im eigenen Stadion gegen die Grasshoppers aus Zürich nicht über ein 1:0 (nach einem Treffer von Moravcik) hinaus. Da die schweizerische Regierung nach dem Aufstand in Ungarn generell die Auftritte von Sportlern aus Osteuropa in der Schweiz untersagte, einigten sich beide Parteien auf München als Austragungsort des Rückspiels. Am 12. Dezember kamen 12.000 ins Grünwalder Stadion und erlebten einen ver-

1956/57

dienten 2:0-Erfolg der Eidgenossen, die mit dem jungen Torwart Karl Elsener einen großen Rückhalt hatten.

Überfordert waren die Spieler von Rapid JC Heerlen gegen die Stars von Roter Stern Belgrad: Mit 3:4 und 0:2 mussten die Niederländer die Segel streichen, ebenso wie Schwedens Meister IFK Norrköping, der beide Spiele aus klimatischen Gründen in Italien bestritt. Dabei hielten sich die Nordlichter tapfer, erkämpften sie doch zunächst in Florenz ein 1:1, um eine Woche später in Rom nur knapp mit 0:1 gegen Italiens Vertreter AC Florenz zu unterliegen.

Der Titelverteidiger aus Madrid spielte am 1. November vor 100.00 Fans im Bernabeu-Stadion sein gewohntes Pensum herunter und ließ Rapid Wien keine Chance. Dass die Hütteldorfer in der 90. Minute durch Karl Gieszer noch auf 2:4 herankamen, nahm man nicht weiter tragisch. Aber beim Rückspiel trauten 60.000 im Wiener Praterstadion ihren Augen nicht, als sie ihre Mannschaft aufspielen sahen. Vor allem Ernst Happel war groß in Fahrt. Der Verteidiger schoss drei Tore, doch di Stefano bewahrte seinem Team mit dem Treffer zum 1:3 zumindest vor dem Gröbsten und erzwang ein drittes Spiel.

Das Entscheidungsspiel verkauften die Österreicher für viel Geld nach Madrid. 300.000 (!) wollten das Match sehen, das die hoch gesteckten Erwartungen allerdings nicht ganz erfüllen konnte - Real gewann letzten Endes relativ unspektakulär mit 2:0.

Das herausragende politische Ereignis in jenen Tagen war mit Sicherheit der Ungarn-Aufstand und dessen Niederschlagung durch sowjetische Truppen. Auch der Fußball blieb davon nicht unbeeinflusst. Der ungarische Meister Honved Budapest befand sich gerade auf einer Auslandsreise, als in Budapest der Aufstand ausbrach. Die Mannschaft blieb im Ausland und trat am 22. November 1956 im San Mames, dem auch "Kathedrale" genannten Stadion von Bilbao zum Achtelfinal-Hinspiel gegen Atletico an. Obwohl die Honved-Akteure mit ihren Gedanken wahrscheinlich in der Heimat waren, wurde es knapp für die Basken, die am Ende mit einem knappen 3:2 zufrieden sein mussten. Die Zeit bis zum Rückspiel,

Trotz großen Einsatzes reichte es am Ende nicht für Ernst Happels Rapid Wien

- **Rapid Wien**

Zeman; Halla, Happel; Golobic, Hanappi, Gieszer; Körner I, Riegler, Dienst, Körner II, Höltl

- **Real Madrid**

Alonso; Atienza, Oliva; Lesmes, Muñoz, Zarraga; Joseito, Marsal, di Stefano, Kopa, Gento

1956/57

Zoltan Czibor, als Linksaußen bei Honved Budapest, zog sich beim Spiel gegen Bilbao eine schwere Hüftverletzung zu

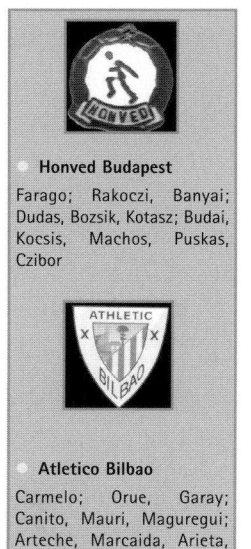

Honved Budapest
Farago; Rakoczi, Banyai; Dudas, Bozsik, Kotasz; Budai, Kocsis, Machos, Puskas, Czibor

Atletico Bilbao
Carmelo; Orue, Garay; Canito, Mauri, Maguregui; Arteche, Marcaida, Arieta, Merodio, Gainza

das erst am 20. Dezember und nicht in Budapest stattfinden konnte, überbrückten die Magyaren mit einer ganzen Reihe von Freundschaftsspielen, so z.B. im überfüllten Essener Stadion an der Hafenstraße gegen eine Kombination aus Rot-Weiß Essen und Fortuna Düsseldorf. Die gesamte deutsche Fußballprominenz war anwesend, um die Ungarn moralisch zu unterstützen. Es folgten Gastspiele in Barcelona, wo Honved vor 100.000 Zuschauern mit 3:4 gegen die Mannschaft von Landsmann Kubala unterlag, sowie in Madrid, wo man bei einem 5:5 (!) mit Real ein wahres Offensivfestival feierte. Vielleicht war dies sogar das eigentliche Europacupendspiel der Saison '56/57.

Am 20.12.1956 hatte die Ungarn jedoch der graue Alltag wieder. Nebelschwaden durchzogen das Brüsseler Heyselstadion, als Honved vor 30.000 den Anstoß zum Rückspiel gegen Atletico Bilbao ausführte. Die Zuschauer machten aus ihrer Sympathie für die Puszta-Stürmer keinen Hehl, so dass sich Bilbaos Trainer Daucik in der Halbzeit über die mangelnde Objektivität beklagte. Doch das Spiel lief gegen Puskas & Co. Sie waren einfach zu nervös, und dann kam Pech hinzu. Kurz nach der Pause zog sich Linksaußen Czibor eine schwere Hüftverletzung zu, die ihn zwang, nur noch als Statist herumzuhumpeln. Wenig später prallte Torwart Farago mit Bilbaos Fußball-Legende Gainza zusammen - Jochbeinbruch! Czibor streifte sich den Trainingspullover über und ging ins Tor. Farago kam sogar wieder zurück - geklammert und gepflastert. Die Basken wankten, Kocsis und Puskas zauberten und schufteten. Bilbao führte bereits 3:1, ehe Honved, bei denen der junge Mittelstürmer Tichy fehlte, durch Budai (82.) und Puskas (86.) noch einmal herankam, aber es war zu spät. Diese großartige Mannschaft aus Budapest war ausgeschieden und brach in der Folgezeit auseinander. Die Eckpfeiler Kocsis, Czibor (Barca) und Puskas (Real) setzten sich ab. Davon erholte sich Honved nie wieder.

Dass Bilbao, in dessen Reihen übrigens damals wie heute ausschließlich Basken standen und stehen, ein starkes Team war, zeigte sich im Viertelfinale gegen Manchester United. In der heimischen "Kathedrale" hieß es nach dramatischem Match 5:3 für Atletico, und im Rückspiel wurden 70.000 Besucher Zeugen eines giganti-

◄ Viertelfinale

1956/57

schen Kampfes in Manchester. Zwei Tore von ManU wurden nicht anerkannt - keine Proteste. Am Ende rangen die "Reds" die Männer aus Euzkadi mit 3:0 nieder und zogen ins Halbfinale ein.

Der AC Florenz setzte sich mit aller Routine gegen die Grasshoppers aus Zürich durch (3:1 und 2:2), und Roter Stern Belgrad behielt im Balkan-Duell gegen CDNA Sofia die Oberhand (3:1 und 1:2). Es waren zwei dramatische Spiele, in denen vor allem die beiden Torhüter Najdenov für Sofia und Beara für Belgrad herausragten.

Dem OGC Nizza nutzte es nichts, dass sein argentinischer Trainer Luis Carniglia seinen Landsmann Alfredo di Stefano gut einzuschätzen wusste und ihn deshalb durch den französischen Nationalspieler Foix beschatten ließ. Di Stefanos Wirkungskreis war damit zwar eingeengt, dafür spielte Kopa seine Landsleute schwindelig. In Madrid hieß es 3:0 und in Nizza 3:2 für Real.

Halbfinale

Noch vor der Auslosung des Halbfinales wurde Madrid von der UEFA als Endspielort festgelegt - eine Verbeugung vor Real. Der Griff in die Lostrommel ergab schließlich die Paarungen Roter Stern Belgrad - AC Florenz sowie Real Madrid - Manchester United.

Die "Fiorentina" mauerte sich gegen die technisch brillanten Jugoslawen förmlich ins Endspiel. Dem 1:0 in Belgrad, das Prini in der 88. Minute erzielte, ließen sie in Florenz ein 0:0 folgen. Die Spieler um Beara, Kostic, Sekularac und Popovic fanden einfach kein Mittel, um den Abwehrriegel der Italiener zu knacken.

Über 250.000 Kartenanforderungen gingen auf der Geschäftsstelle von Real für das Halbfinalhinspiel gegen Manchester United ein, und am 11. April 1957 passierten schließlich 135.000 Zuschauer die Tore des Bernabeu-Stadions.

Es war ein Kampf der Giganten. Bis zur 61. Minute hielten die defensiv eingestellten Briten dem Ansturm der Madrilenen stand. Dann flankte Linksaußen Gento über Freund und Feind hinweg genau zu Rial, der mit einem herrlichen Flugkopfball das 1:0 erzielte. Als di Stefano nur zwei Minuten später das zweite Tor folgen ließ, schien alles klar zu sein. Aber Taylor nutzte einen Fehler von Torhüter Alonso aus und konnte per Kopfball verkürzen. Ging da etwa doch noch was? Nein, denn jetzt zeigte sich wieder einmal, was ein Mann wie di Stefano

Die Torhüter Vladimir Beara (Belgrad, oben) und Georgj Najdenov (Sofia, unten) waren für ihre Teams starke Rückhalte

AC Florenz

Sarti; Magnini, Cervato; Chiappella, Orzan, Segato; Julinho, Gratton, Virgili, Montuori, Prini

Roter Stern Belgrad

Beara; Tomic, Zekovic; Popovic, Spajic, Tasic; Sekularac, Cokic, Mitic, Kostic, Rudinski

1956/57

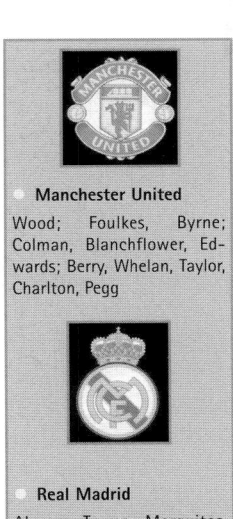

Manchester United
Wood; Foulkes, Byrne; Colman, Blanchflower, Edwards; Berry, Whelan, Taylor, Charlton, Pegg

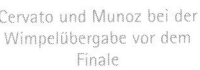

Real Madrid
Alonso; Torres, Marquitos, Lesmes, Muñoz, Zarraga; Kopa, Mateos, di Stefano, Rial, Gento

wert war. Schon im Gegenzug schnappte er sich den Ball, umdribbelte vier Gegenspieler und servierte den Ball so präzise zu Mateos, dass dieser nur noch vollstrecken musste - 3:1.

Vor dem Rückspiel heizte die englische Presse die Atmosphäre kräftig an. Manchester United bestritt in dieser Spielzeit die großen Europacup-Matches im Stadion des Lokalrivalen City, das zu jener Zeit mehr Massen aufnahm als Old Trafford und zudem über Flutlicht verfügte. So fanden sich zum Rückspiel im Maine Road Stadium 65.000 Fans ein, die allerdings die Klasse der Spanier anerkennen mussten. Zur Pause führte Madrid durch Tore von Kopa und Rial bereits mit 2:0 - somit war der Ausgleich durch Taylor und Charlton nur noch Ergebniskosmetik, und Real stand erneut im Endspiel. Aber die "Busby-Babes" hatten gezeigt, dass mit ihnen in naher Zukunft ernsthaft zu rechnen war in Europa.

◀ Finale

Am 30. Mai 1957 strömten 125.000 Madrilenen erwartungsfroh zum Finale in den Stadtteil Chamartin. Ein farbenfrohes Bild präsentierte sich den Zuschauern, als beide Teams das satte Grün des Rasens betraten - Real wie gewohnt ganz in Weiß und die Fiorentina ganz in Violett. Muñoz und Cervato tauschten im Beisein von Schiedsrichter Horn aus den Niederlanden die Wimpel, und das Endspiel konnte beginnen.

Von Anfang an war Florenz auf Defensive bedacht. Lediglich Julinho, Virgili und Montuori blieben als Spitzen vorne, der Rest der Truppe versammelte sich mehr oder minder um den eigenen Strafraum. Allerdings waren die Italiener bei Kontern brandgefährlich. Das bemerkte auch di Stefano, der sich häufiger im Mittelfeld als (wie gewohnt) im Angriff bewegte. Über eine Stunde taten sich die Spanier äußerst schwer mit dem toskanischen Riegel. Die Spannung dieses Matches wurde eher durch diese eigenartige Stimmung erzeugt, die bei ständiger Überlegenheit von Real bei gleichzeitiger Angst vor den Kontern der "Fiorentina" aufkam. In der 70. Minute war es für Real aber so weit. Magnini foulte Mateos knapp im Strafraum - Elfmeter. Nun brauchte man einen Mann ohne Nerven, und dieser übernahm auch die Verantwortung - Alfredo di Stefano.

In alten Filmaufzeichnungen ist zu sehen, dass

Cervato und Munoz bei der Wimpelübergabe vor dem Finale

1956/57

Die Finalisten von AC Florenz
hinten v.l.: Sarti, Magnini, Segato, Virgili, Cervato
vorne v.l: Orzan, Chiapella, Montouri, Bizzarri, Gratton

Real Madrid vor dem Finale
hinten v.l: Villalongo, Lesmes, M.Alonso, Rial,
vorne v.l: Torres, die Stefano, Alonso, Mateos, Zarranga, Kopa, Gento

Torwart Sarti, der in den 60er Jahren mit Inter Mailand noch zweimal den Cup holen sollte, dem zur Vollstreckung anlaufenden di Stefano von der Torlinie aus mindestens drei Meter entgegensprang - es nützte nichts: Der Ball war drin. Wohl auch deshalb sah Schiedsrichter Horn über Sartis Regelwidrigkeit hinweg.

Jetzt war Real nicht mehr zu halten und Florenz ohne Chance. Gento schloss elf Minuten vor dem Abpfiff einen fantastischen Sololauf über 40 Meter mit einem satten Schuss über den herauseilenden Sarti hinweg und unter die Querlatte ab.

Es war mit Sicherheit nicht ein ähnlich großes Finale wie im letzten Jahr gewesen, da der AC Florenz nicht den Offensiv-Fußball pflegte wie Stade de Reims. Es gab allerdings keinen Zweifel: Der verdiente Sieger in diesem Jahr hieß Real Madrid.

AC Florenz

Sarti; Magnini, Cervato; Scaramucci, Orzan, Segato; Julinho, Gratton, Virgili, Montouri, Prini

Real Madrid

Alonso; Torres, Marquitos, Lesmes, Muñoz, Zarraga; Kopa, Mateos, di Stefano, Rial, Gento

Portrait
Ferenc Puskas

Es schien, als würde sich Honved Budapest, dieses Weltklasseteam, in den dichten Nebelschwaden, die das Brüsseler Heyselstadion an jenem 20. Dezember 1956 durchzogen, auflösen. Die Magyaren hatten einfach Pech und keine Nerven an diesem Abend gegen Atletico Bilbao. Verständlich, denn sie wussten nicht, wie es weitergehen sollte: Mit ihnen, ihren Familien, ihrer Heimat. Boszik, Budai, Kocsis, Czibor und Puskas - sie waren das Gerüst der Wunderelf aus Ungarn, die zwischen 1950 und '56 nur ein Länderspiel verloren hatte: Das Endspiel um den WM-Titel 1954 gegen Deutschland in Bern. Ungarn war 1952 Olympiasieger in Helsinki geworden und hatte am 26. November 1953 in Wembley in einem tollen Spiel (6:3) als erste Kontinentalmannschaft die stolzen Engländer von ihrem hohen Ross geholt, um sie im April 1954 in Budapest regelrecht zu demütigen: 7:1. Bei der WM in der Schweiz hatte man die Besten aus Südamerika, Brasilien und Uruguay (Weltmeister 1950), jeweils mit 4:2 geschlagen. Dann kam das Endspiel. Diese Niederlage schmerzte lange.

Der Oktoberaufstand in der Heimat versperrte den Ungarn den Rückweg. Außer den beiden Europacupbegegnungen gegen Bilbao absolvierten sie in dieser Zeit zahlreiche Freundschaftsspiele, von denen vor allem das 5:5 gegen das königliche Real im Bernabeu-Stadion legendär ist. Anschließend blieben die Stars Kocsis, Czibor und Puskas im Ausland. Letztgenannter wurde zwei Jahre gesperrt, ehe er mit 31 Jahren 1958 von Real Madrid verpflichtet wurde.

Puskas wuchs im Budapester Stadtteil Kispest auf. Beim gleichnamigen Verein, der allerdings in der ungarischen Liga damals nicht die erste Geige spielte, verfeinerte er das, was er als Junge schon auf der Straße gelernt hatte. Trainer war sein Vater, und schon mit 17 Jahren spielte er in der Nationalmannschaft. Nach dem Zusammenbruch des Horthy-Regimes und der Machtübernahme durch die Kommunisten nahm sich die Armee Kispests an und aus Kispest wurde Honved, der "Stern".

Und die Sterne der jungen Spieler um Puskas gingen auf. Bald beherrschten sie den ungarischen Fußball, und Nationaltrainer Sebes machte sich daran, aus Rohdiamanten Edelsteine zu schleifen.

"Öcsi", der Kleine, nannten ihn seine Kameraden, aber wenn er den Ball am Fuß hatte, war Puskas der Größte, und sie akzeptierten ihn auch als solchen - als den "Major", zu dem ihn die Armee mittlerweile befördert hatte. Puskas hatte (bildlich gesprochen) nur einen Fuß - den linken. Aber der reichte. Sensationell, wie er damals in Wembley 1953 in der 25. Minute mit diesem einen Fuß den englischen Rekordinternationalen Billy Wright, auch kein Fußballanalphabet, sozusagen auf dem Bierdeckel ins Leere laufen ließ, um Sekunden später Torwart Merrick genauso alt aussehen zu lassen. Er hatte einen ungemein harten, präzisen Schuss, und so passierte es nicht selten, dass der gegnerische Torwart den Ball nach einer Puskas-Kanone erst zu sehen bekam, wenn er ihn aus dem Netz holte.

Bei der WM 1954 hatte er jedoch Pech. In der ersten Partie gegen Deutschland, die die Magyaren noch 8:3 gewannen, holte ihn der Lauterer

1956/57

Liebrich an der Mittellinie unnötigerweise so von den Füßen, dass Puskas bis zum Endspiel wegen einer schweren Knöchelverletzung ausfiel. Im Finale ließ man ihn - wahrscheinlich auch aus psychologischen Gründen - auflaufen, und er erzielte auch das erste Tor. Bei objektiver Betrachtungsweise muss man zugeben, dass die Deutschen, ungeachtet ihrer großartigen Leistung, im Endspiel viel Glück hatten (wie auch schon im Viertelfinale gegen Jugoslawien). Mehrere Pfosten- bzw. Lattentreffer der Ungarn verhinderten vor allem in der zweiten Halbzeit die Entscheidung zu Gunsten der Rothemden. Dazu gehörte auch, dass Puskas' 3:3-Ausgleichstreffer in der 87. Minute wegen Abseits nicht anerkannt wurde, wobei der verhinderte Schütze noch heute schwört, dass es ein korrekt erzieltes Tor war. Und wenn man in den alten Filmaufzeichnungen nicht nur die immer gern gezeigte letzte Sequenz dieser Szene anschaut, sondern den Treffer in seiner gesamten Entwicklung sieht, ist man durchaus geneigt, sich dieser Meinung anzuschließen. Puskas behauptete später, er habe nach dem Finale einige deutsche Spieler gesehen, die sich in der Kabine übergeben hätten - Dopingverdacht. Es dauerte Jahre, bis es zur Aussöhnung zwischen dem DFB und dem ungarischen Superstürmer kam.

Ein wenig konnte er im Mai 1960 Revanche nehmen, als er, mittlerweile im Trikot von Real Madrid, im Europacupfinale gegen Eintracht Frankfurt beim 7:3-Erfolg allein viermal ins Netz traf. Bei Real, das ihm 1958 nach seiner Sperre trotz seines Alters einen Vertrag angeboten hatte, bedankte sich Puskas auf seine eigene Weise: In den auf seine Verpflichtung folgenden Jahren schoss er unzählige Tore für die "Meringues", so auch 1962 im Endspiel gegen Benfica Lissabon, als er alle drei Treffer für Real erzielte, was aber nichts nützte - am Ende hieß es 5:3 für die Portugiesen um Germano, Aguas und Coluna.

1962 war es auch, als Puskas für Spanien noch mit zur WM nach Chile fuhr, dort auch drei Spiele in der Vorrunde bestritt, nach der die Spanier aber bereits wieder nach Hause reisen konnten. Im Jahr darauf stand er mit seinen Kollegen di Stefano und Gento in jener Weltelf, die von der englischen Football Association zum 100-jährigen Jubiläum des Verbandes nach Wembley eingeladen wurde. Sein letztes Europacupendspiel bestritt er 1964 gegen Inter Mailand, wobei die alternden Stars aus Madrid allerdings mit 1:3 verloren. Danach war die Karriere von di Stefano und ihm bei Real beendet. Zum 100-jährigen Verbandsjubiläum des ungarischen Fußballverbandes (gegen Deutschland) führte Puskas, der Ende der 90er Jahre von der IFFHS als der Stürmer des Jahrhunderts geehrt wurde, der in Erstligaspielen die meisten Treffer erzielte, im Budapester Nep-Stadion zusammen mit seinen noch lebenden Freunden aus der einstigen ungarischen Wunderelf (Grosics, Hidegkuti und Czibor) den Anstoß aus - er, der einmal von sich gesagt hat, für ihn sei Fußball das Leben an sich gewesen: So zelebrierte er diesen Sport auch. ●●●

••• 1957/58

Am 4. September 1957 fand in Paris die Auslosung zur dritten Auflage des Europacups statt. Um Reisekosten zu sparen, hatte das Organisationskomitee die Klubs vornehmlich nach geografischen Gesichtspunkten in drei Zonen aufgeteilt, die allerdings nur für die erste Qualifikationsrunde galten. (Die Spanier durften als zweiten Klub übrigens den Ligazweiten FC Sevilla melden.)

Bereits in der Qualifikation zeigte sich die große Anziehungskraft, die der mittlerweile nicht mehr ganz so neue Wettbewerb ausstrahlte: Das Publikum strömte in Massen zu den Spielen. Selbst das etwas farblose Duell zwischen Aarhus GF und Glenavon Lurgan zog in Dänemark bei strömendem Regen 14.000 Zuschauer an. Der Klub aus der nordirischen Provinz Armagh konnte beim nach Belfast verlegten Rückspiel sogar 33.000 Fans im Windsor Park registrieren. Die Nordiren konnten den Heimvorteil jedoch nicht nutzen. Hatten sie in Aarhus noch ein 0:0 erreicht, mussten sie in Belfast unerklärlicherweise eine 0:3-Niederlage hinnehmen. Glenavons Mittelstürmer Jones spielte übrigens mit einem etwas kürzeren Bein, da bei einem Ligaspiel in Ulster bei Ausschreitungen religiöse Fanatiker so lange auf sein Schussbein gesprungen waren, bis es fast nicht mehr funktionsfähig war. Die Ärzte stellten ihn einigermaßen wieder her, und trotz dieses Handicaps ist Jones bis heute Rekordtorschütze der nordirischen Liga.

Ungarn steckten noch die Oktoberereignisse von 1956 in den Knochen. Der Verband untersagte jegliche Auslandsreisen in Vorbereitung der WM 1958 in Schweden. Eine Ausnahmegenehmigung erhielt Vasas Budapest für seine Europacupbegegnungen. Der ungarische Meister musste zunächst beim Armeeklub Sofia antreten - fast zwei komplette Nationalmannschaften, die auch in der Qualifikation zur WM 1958 miteinander zu tun hatten, trafen aufeinander. Die kampfstarken Bulgaren siegten in Sofia mit 2:1. In Budapest emp-

---

••• Portrait
Jimmy Jones

In der Saison 1947/48 kam es beim nordirischen Ortsderby zwischen Linfield und Celtic Belfast, wo Jones spielte, zu bürgerkriegsähnlichen Auseinandersetzungen, in deren Verlauf Jones vom Spielfeld geschleppt wurde, wo gegnerische "Fans" so lange auf seinem Bein herumsprangen, bis dies gebrochen war. Zweieinhalb Jahre konnte er nicht mehr spielen, hinzu kam, dass das gebrochene Bein nach Jones' Genesung kürzer als das andere war. Trotzdem setzte er seine Karriere fort und erzielte bis zum Jahre 1965 insgesamt 300 Erstligatore in Nordirland. Eine grandiose Leistung, die mit drei Einsätzen und einem Treffer in der Nationalmannschaft gekrönt wurde. •••

1957/58

fingen 30.000 Zuschauer die bulgarischen Gäste mit Beifall und verabschiedeten sie mit gellenden Pfiffen ob ihrer Härte (zwei Bulgaren erhielten Platzverweise). Lajos Csordas spielte in Hochform und erzielte selbst drei Treffer beim 6:1-Sieg der Ungarn.

Noch deutlicher setzte sich Roter Stern Belgrad durch: Die Jugoslawen ließen Stade de Dudelingen aus Luxemburg beim 5:0 und 9:1 überhaupt keine Chance.

Manchester United traf im Dalymount Park zu Dublin auf den bis dahin zu Hause gegen ausländische Teams unbesiegten irischen Meister Shamrock Rovers. Diesmal waren sie allerdings fällig - nach dem 0:6 befürchtete man für das Rückspiel schon das Schlimmste, aber die Rovers hielten sich im Old Trafford großartig und unterlagen lediglich 2:3.

Zum ersten Mal trat Benfica Lissabon im Europacup auf. Eine Stunde lang führten sie in Sevilla mit 1:0, dann drehten die Andalusier auf, spielten über die Flügel und gewannen mit 3:1. Im Rückspiel war beim FC Sevilla Defensive angesagt. Sevillas Stopper Campanal blockierte den portugiesischen Sturm, in dem damals schon Coluna, Aguas und Cavem standen, die wenige Jahre später ganz groß herauskommen sollten, aber schon fast alleine. Das Spiel war hart und endete 0:0.

Mario Esteves Coluna von Benfica Lissabon im Nationaldress während der WM 1966

Die Glasgow Rangers trafen erneut auf den französischen Meister. In diesem Jahr handelte es sich um den noch relativ unbekannten AS St. Etienne. "Les Verts" sollten erst in den 70er Jahren im Europacup für Furore sorgen. Diesmal machten es die Schotten besser als im Vorjahr gegen Nizza. 85.000 erlebten im Ibrox Park ein sicheres 3:1 der Rangers, die dann im Rückspiel aber doch noch kämpfen mussten. St Etienne gewann mit 2:1.

Sehr schwer tat sich Wismut Aue, das Schalke der DDR. Man benötigte drei Spiele und dann auch noch Losglück, um den polnischen Meister Gwardia Warschau ausschalten zu können.

Dreimal trafen auch Rapid Wien und der AC Mailand aufeinander. Bei nasskaltem Wetter schlug Milan die Rapidler vor 15.000 Zuschauern in Mailand mit 4:1. Aber wie im Vorjahr gegen Real drehten die Wiener im

1957/58

Rückspiel mächtig auf und fegten die "rossoneros" mit 5:2 vom Platz.

Das dritte Spiel fand im Hardturm-Stadion zu Zürich statt. Bis acht Minuten vor Schluss hielten die Hütteldorfer vor 26.000 Interessierten das Spiel offen, dann gelang den Italienern das 4:2, was die Entscheidung bedeutete. Rapid hatte die südamerikanischen Halbstürmer des AC Mailand, Grillo (Argentinier) und Schiaffino (Uruguayer), einfach nicht entscheidend in den Griff bekommen.

◄ Achtelfinale

Im Achtelfinale bekam es der belgische Vertreter RFC Antwerpen ausgerechnet mit dem Titelverteidiger aus Madrid zu tun, der den Belgiern erwartungsgemäß keine Chance ließ: Zwei Tore di Stefanos sorgten in Belgien für den 2:1-Erfolg, der beim Rückspiel mit einem 6:0 eindrucksvoll bestätigt wurde.

Am 3. November 1957 fand im Idrottsparken von Norrköping zum ersten Mal ein Europacupspiel auf schwedischem Boden statt. Und die Schweden verlangten dem großen Favoriten von Roter Stern Belgrad alles ab. Nach 85 Minuten führten sie 2:0, dann aber schafften Toplak (88.) und Kostic (90.) doch noch den Ausgleich. Auch im Rückspiel hielten sich die "Wikinger" großartig, führten 1:0, um zunächst in der 75. und dann in der 88. Minute noch zwei Gegentore zu kassieren. Beide Male hieß der Schütze Spajic.

Seine Europacup-Premiere feierte am 20. November Ajax Amsterdam im Erzgebirge bei Wismut Aue (das offiziell als Wismut Karl-Marx-Stadt firmierte). 30.000 im Otto-Grotewohl-Stadion mussten die Überlegenheit der Niederländer anerkennen. Pieters-Graafland hielt seinen Kasten sauber und vorne traf van der Kuil. Am Ende stand es in Aue 3:1 für Ajax, das sieben Tage später im heimischen Olympia-Stadion mit 1:0 siegte.

Ärger gab es wegen der Partie zwischen Young Boys Bern und Vasas Budapest. Aus politischen Gründen untersagten die schweizerischen Behörden den Auftritt der Ungarn in

Der Uruguayer Juan Schiaffino gehörte nicht nur beim AC Mailand zu den Stars. Bei der WM 1950 war er einer der überragenden Spieler der Weltmeisterelf

Das Team von Wismut Karl-Marx Stadt

1957/58

Bern. Man einigte sich auf Stuttgart als Austragungsort, doch plötzlich sperrte sich auch die deutsche Politik, obwohl die ungarische Nationalmannschaft kurz zuvor in Hannover noch gegen die BRD gespielt hatte. Schließlich erklärte sich Genf bereit, als Spielort zu fungieren. Die Berner Behörden hatten ihrer Mannschaft keinen Gefallen getan, denn im Genfer Stade de Chamilles reichte es für YB nur zu einem 1:1, wobei Csordas in der 90. Minute den Ausgleich für Vasas erzielte. Er war es auch, der den Eidgenossen in Budapest mit zwei Treffern den Garaus machte - da nützte auch Schneiters Anschlusstreffer eine Minute vor dem Ende nichts mehr.

20.000 DM an Organisationskosten musste Dukla Prag an Manchester United zahlen, da die Prager wegen des Todes des Staatsoberhauptes der CSR zum ersten Termin nicht in Manchester angetreten waren. Als das Hinspiel dann am 20. November stattfand, hielt Dukla (das am 1. Oktober 1948 als Armeeklub gegründet worden war und mittlerweile den Traditionsvereinen Slavia und Sparta in der Goldenen Stadt den Rang abgelaufen hatte) dem Druck lange Zeit stand, aber innerhalb von 15 Minuten, in einer Schwächephase der Prager, machte ManU alles klar - 3:0 war das Endergebnis. Zwei Wochen später traf man sich im Strahov-Stadion wieder. Dukla (benannt nach einem im 2. Weltkrieg hart umkämpften Gebirgspass) besaß zwar mit Novak, Pluskal und Masopust eine hervorragende Läuferreihe, die 1962 in Chile noch Vizeweltmeister werden sollte. Aber an diesem Tag reichte es nur zu einem 1:0 durch Dvorak in der 17. Minute.

Zum dritten Mal hintereinander nahm Aarhus GF am Europacup teil. Beim FC Sevilla ging man mit 0:4 unter, doch sechs Grad Frost in Dänemark ließen die Andalusier beim Rückspiel erzittern. Nach dem 0:2 waren sie heilfroh, wieder in wärmere Gefilde abreisen zu können.

Ihr blaues Wunder erlebten die Rangers aus Glasgow gegen den AC Mailand. In den letzten fünfzehn Minuten des Matches drehten die Italiener die Partie im Ibrox Park noch um - von 0:1 auf 4:1! Zum Rückspiel in der 1897 errich-

Die Mannschaft der Rangers aus Glasgow

teten, traditionsreichen Arena Civico fanden sich am 11. Dezember gerade einmal 5.000 Tifosi ein. Mehr Unterstützung benötigte Milan auch nicht, um die Schotten mit 2:0 niederzuhalten.

Mit Steaua Bukarest stellte sich in Dortmund praktisch die rumänische Nationalmannschaft vor. 42.000 Zuschauer staunten nicht schlecht, als Ersatztorwart "Bubi" Rau, der 1949 als 19-Jähriger bereits für den BVB im Endspiel um die deutsche Meisterschaft gegen den VfR Mannheim (2:3) zwischen den Pfosten gestanden hatte, zum zweiten Mal hinter sich greifen musste. BVB-Rechtsaußen Peters hatte jedoch einen großen Tag, schoss drei Tore und Borussia siegte mit 4:2. Zum Rückspiel empfingen 60.000 fanatische Zuschauer die Borussen, die sich aber zunächst nicht davon beeindrucken ließen. Niepieklo gelang in der 12. Minute der Führungstreffer. Dann aber legte Steaua los, und nach 45 Minuten lagen sie 3:1 vorne. In der zweiten Halbzeit wankten die Dortmunder, aber Kwiatkowski parierte dreimal innerhalb von zwei Minuten fantastisch und rettete damit dem BVB wenigstens das Entscheidungsspiel. Obwohl schon feststand, dass der Sieger aus diesem dritten Spiel in der nächsten Runde gegen den AC Mailand antreten sollte, interessierten sich lediglich 8.000 Zuschauer in Bologna für diese Begegnung. Dulz, Kelbassa und Preißler schossen den 3:1-Sieg der Dortmunder heraus.

Im Viertelfinale bestand der AC Mailand auf der ersten Fernsehübertragung aus der "Roten Erde". Kein Wunder also, dass bei trostlosem Regenwetter lediglich 28.000 Dortmunder ihrem BVB zur Seite standen. Nach 17 Minuten fiel Sandmann durch Verletzung aus, Kelbassa, ohnehin angeschlagen, hinkte nach einer halben Stunde nur noch, Bracht spielte mit gebrochener Zehe. Mailand führte nach 45 Minuten mit 1:0, und nur ein Eigentor Bergamaschis in der 90. Minute verhalf der Borussia wenigstens zum Remis. Doch das reichte nicht, denn in San Siro sahen 25.000 Tifosi eine deutliche Überlegenheit ihres Teams, die sich ebenso deutlich im Ergebnis niederschlug: 4:1 - der BVB war draußen.

◀ Viertelfinale

Auch Ajax Amsterdam schaffte den Sprung ins Halbfinale nicht. Vor heimischer Kulisse führten die Niederländer gegen Vasas Budapest zur Pause noch 2:0, am

1957/58

Ende hatte Bundzsak zwei Treffer erzielt und seiner Mannschaft somit alle Chancen für das Rückspiel bewahrt. Und diese Gelegenheit nutzte Vasas im Nep-Stadion auf eindrucksvolle Weise. Schon in der ersten Halbzeit zogen die Ungarn auf 4:0 davon und konnten im zweiten Abschnitt beruhigt einen Gang zurückschalten. Am Ergebnis änderte sich nichts mehr.

Real Madrid hatte Anfang 1958 eine leichte Krise zu durchstehen. In der Ligameisterschaft verlor man 2:3 gegen den FC Sevilla, und ausgerechnet gegen dieses Team musste Real zwei Wochen später im Europacup antreten. Vor dem Spiel wurde di Stefano von "France Football" zum Europäischen Fußballer des Jahres 1957 gekürt. Der Beifall der 80.000 schlug über "Don Alfredo" zusammen, und die Ehrung beflügelte ihn anscheinend so sehr, dass er sich in einen wahren Spielrausch hineinsteigerte: Vier Tore schoss er selbst, Kopa derer zwei, Marsal und Gento besorgten den Rest. Mit 8:0 wurde Sevilla deklassiert. Im Rückspiel ließ es Real gemächlich angehen. Es reichte auch so für ein 2:2.

Old Trafford erlebte am 14. Januar 1958 einen Kampf der Giganten. ManU musste alles aufbieten, um Roter Stern Belgrad mit 2:1 zu besiegen. Tasic brachte die Jugoslawen in der 35. Minute in Führung, die erst nach 65 Minuten von Charlton ausgeglichen werden konnte. Dem rechten Läufer Colman gelang schließlich neun Minuten vor dem Abpfiff noch der Siegtreffer. Zum Rückspiel am 5. Februar 1958 erwarteten im Armeestadion von Belgrad 52.000 stimmgewaltige Zuschauer die "Busby-Babes". Die Menge verstummte jedoch bald, als die Rothemden ganz souverän ihre Kreise zogen und zur Pause mit 3:0 vorne lagen. Zweimal Charlton und einmal Viollet waren die Torschützen. Alles war gelaufen - glaubten die Briten. Aber innerhalb von zwölf Minuten (zwischen der 46. und 58.) hatten Tasic und Kostic (mit zwei Treffern) den Ausgleich geschafft. Und jetzt brach ein unerbitt-

Bobby Charlton schoss im Spiel gegen Roter Stern Belgrad zwei Tore

42

1957/58

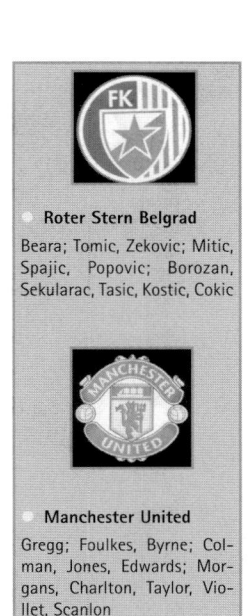

Roter Stern Belgrad
Beara; Tomic, Zekovic; Mitic, Spajic, Popovic; Borozan, Sekularac, Tasic, Kostic, Cokic

Manchester United
Gregg; Foulkes, Byrne; Colman, Jones, Edwards; Morgans, Charlton, Taylor, Viollet, Scanlon

licher Kampf aus. Ein Tor fehlte noch, und die Belgrader hätten ein Entscheidungsspiel erzwungen. Und warum sollten sie, die innerhalb kürzester Zeit einen 0:3-Rückstand egalisiert hatten, nicht in der Lage sein, in den noch verbleibenden 30 Minuten sogar noch zwei Tore zu erzielen, die den direkten Einzug ins Halbfinale bedeutet hätten? Sie stürmten wie die Teufel, und Harry Gregg, der nordirische Nationaltorhüter, ließ da schon erahnen, was wenige Monate später bei der WM in Schweden zur Gewissheit werden sollte - er war ein Weltklassetorhüter.

Die Jugoslawen schafften es nicht mehr. Hinterher sagte ein englischer Beobachter, wer die "Hölle von Belgrad" überlebt habe, brauche sich vor nichts mehr zu fürchten. Er sollte sich auf tragische Weise irren.

Auf der Rückreise machte die Maschine Zwischenstopp in München-Riem. Bei Schneegestöber brach der Pilot zweimal den Startversuch ab. Beim dritten Mal gewann das Flugzeug keine Höhe, krachte am Ende der Startbahn in den Boden und fing Feuer. 21 Insassen waren sofort tot, darunter sieben Spieler: Byrne, Colman, Jones, Pegg, Taylor, Whelan und Bent. Die meisten anderen waren schwer verletzt (Blanchflower und Berry konnten aufgrund innerer Verletzungen und komplizierter Frakturen ihre Karrieren nicht fortsetzen), nur einige wenige (unter anderem Gregg, Foulkes und Charlton) konnten mit leichten Verletzungen geborgen werden. In einem Münchner Krankenhaus rangen Matt Busby und Duncan Edwards mit dem Tode. Der Manager gewann diesen Kampf, das 19-jährige Supertalent Edwards nicht.

Ganz Europa war geschockt und von tiefer Trauer erfasst, ganz England unterstützte ManU im Halbfinale gegen den AC Mailand. Die Transferbestimmungen wur-

◀ Halbfinale

Die abgestürzte Maschine der "Elisabethan Airlines", in der sieben Spieler von ManU ihr Leben lassen mussten

1957/58

den ausnahmsweise gelockert, damit sich United mit neuen Spielern verstärken konnte. Am 8. Mai war Milan zu Gast im Old Trafford. Nur noch Gregg, Foulkes, Morgans und Viollet waren vom Belgrader Treffen dabei. Sie kämpften wie Löwen und gewannen 2:1, doch ahnten sie wohl, dass es nicht reichen würde. Vor 60.000 hatten sie in Mailand beim 0:4 keine Chance.

Ebenfalls 4:0 siegte eine glänzend aufgelegte Madrider Elf im Hinspiel gegen Vasas Budapest. 120.000 Spanier waren sich sicher, dass da nichts mehr anbrennen konnte. Und sie behielten Recht. Zwar spielte Vasas großartig und drängte Real in der 2. Halbzeit minutenlang in dessen Spielhälfte, aber es reichte nur zu einem 2:0 vor 100.000 im Budapester Nep-Stadion. Wieder standen die Madrilenen im Endspiel.

Finale ▶ Das Finale fand am 28. Mai 1958 anlässlich der Weltausstellung im Brüsseler Heyselstadion statt. 67.000 Zuschauer wollten sich die nach dem tragischen Ende der "Busby-Babes" nur noch eingeschränkt als "Traumfinale" zu bezeichnende Partie nicht entgehen lassen.

Auf beiden Seiten spielten jeweils drei gebürtige Südamerikaner. Sie sorgten für Fußball-Kunst und Ästhetik auf dem Platz, wenngleich es unterschiedliche zeitgenössische Bewertungen dieses Endspiels gibt. Viele Publikationen bezeichnen zumindest die ersten 70 Minuten als schön und technisch hoch stehend, dabei aber ineffektiv. Alfredo di Stefano ist noch heute der Meinung, dass es eines der besten Spiele war, an denen er teilgenommen hat. Nach knapp einer Stunde erzielte Schiaffino das 1:0 für Mailand, und von da an ging es Schlag auf Schlag. Real rannte an, und in der 70. Minute markierte di Stefano den Ausgleich. Aber Milan wehrte sich. Schon drei Minuten später war es Grillo, der für die erneute Führung sorgte, die von Rial wiederum nur zwei Minuten später mit einem herrlichen Heber direkt aus der Luft postwendend ausgeglichen wurde. Nach 90 Minuten ging es in die Verlängerung, die in der ersten Hälfte keine Veränderung mit sich brachte. Dafür erzielte Gento direkt nach dem Wiederanpfiff den entscheidenden dritten Treffer für Real Madrid.

Spanien und Italien waren in der WM-Qualifikation an Nordirland bzw. Schottland gescheitert. Mit dem Einzug in das Europacupfinale und durch die Klasse des Spiels

● **Vasas Budapest**
Kamaras; Karpati, Teleki; Sarosi, Barfi, Berendi; Raduly, Csordas, Szilagyi, Bundzsak, Lenkei

● **Real Madrid**
Alonso; Marquitos, Santamaria; Lesmes, Muñoz, Zarraga; Kopa, Marsal, di Stefano, Rial, Gento

1957/58

Die Finalisten vom AC Mailand
v.l: Schiaffino, Fontana, Beraldo, Grillo, Danova. Cucciaroni, Bergamaschi, Radice, Soldan, Maldini, Liedholm

Real Madrid vor dem Finale
v.l: Alonso, Zarraga, Santamaria, Atienza, Rial, Santisteban, Iglesias, Gento, Kopa, Lesmes, die Stefano

hatten Real Madrid und der AC Mailand die Ehre dieser beiden großen Fußballnationen wieder einigermaßen hergestellt, auch wenn man anmerken muss, dass die Haupt-Protagonisten dieses Finales keine Italiener bzw. Spanier waren, sondern die Südamerikaner di Stefano, Rial, Schiaffino und Grillo. Zwei weitere Teilnehmer des Endspiels sollten wenige Wochen später ihre jeweiligen Nationalmannschaften bei der WM an die Weltspitze führen und selbst mit Spitzenleistungen glänzen: Reals Kopa als WM-Dritter mit Frankreich und Milans Liedholm als Vizeweltmeister mit Schweden. (Beide

1957/58

Alonso bei einen seiner Glanzparaden

Teams mussten sich lediglich dem übermächtigen Weltmeister Brasilien mit jeweils 2:5 beugen.)

Zweifelsohne war der Sieg von Real auch dieses Mal verdient, aber Milan hatte es den Madrilenen sehr schwer gemacht. Und wer weiß, was geschehen wäre, hätte es nicht jenen schrecklichen 6. Februar von München-Riem gegeben.

Real Madrid

Alonso; Atienza, Santamaria; Lesmes, Santisteban, Zarraga; Kopa, Joseito, di Stefano, Rial, Gento

AC Mailand

Soldan; Fontana, Beraldo; Bergamaschi, Maldini, Radice; Danova, Liedholm, Schiaffino, Grillo, Cucciaroni

●●● Portrait
Matt Busby

Wenn von den großen Managern des britischen Fußballs die Rede ist, werden sicherlich Alex Ferguson von ManU aus den 90ern, Jock Stein, der in den 60er Jahren Celtic Glasgow an die Spitze führte, Bill Shankly, der große Mann beim FC Liverpool, und Herbert Chapman, der Huddersfield Town und vor allen Dingen Arsenal London in den 30er Jahren zu Weltruhm führte, nicht fehlen.

Sicher gäbe es noch viele mehr zu nennen, aber einer gehört unbedingt zu diesem erlauchten Kreis - Matt Busby.

In den 20er und 30er Jahren war der Schotte selbst aktiver Fußballer. Der 1910 geborene und als Bergmanns-Sohn südlich von Glasgow aufgewachsene Busby, dessen Vater im 1. Weltkrieg von deutschen Heckenschützen getötet worden war, arbeitete zunächst als "pit boy" im Stollen und spielte Fußball bei den Denny Hibernians Bellshil in der Nähe von Motherwell. Seine Familie wanderte in die USA aus, er aber blieb und erhielt 1928 von Manchester City einen Profivertrag. Mit City errang er 1934 den englischen Cup und spielte im Jahr zuvor gegen Wales ein Mal für Schottland. 1936 wurde er vom FC Liverpool verpflichtet. Seine Laufbahn beendete er 1944 und bewarb sich 1945 mit Erfolg als Manager bei Manchester United, das damals keinesfalls als erste Adresse im englischen Fußball galt. Die großen Erfolge lagen lange zurück, in den Jahren 1907-11. Man war der ärmere Bruder von Manchester City, zumal Old Trafford durch Luftangriffe so zerstört war, dass man die Heimspiele auch an der Maine Road des Lokalrivalen austragen musste.

Busby hatte ein Konzept, das griff: Talentsucher ("scouts") waren für ManU im ganzen Land unterwegs und wurden auch fündig. Dazu predigte Busby den Angriffs-Fußball, und so konnte man 1948 mit einem 4:2 das Cupfinal gegen den FC Blackpool für sich entscheiden. Es folgten die Ligameisterschaften 1952, 1956 und 1957, und Busby baute eine blutjunge Truppe auf, die einen hervorragenden Fußball spielte. Byrne, Edwards, Taylor, Viollet, Charlton, Blanchflower etc. waren eine Klasse für sich.

Busby war weitsichtig und beharrlich genug, sich gegen die Vorbehalte seines Verbandes zu behaupten und die Teilnahme seiner Mannschaft am Europacup 1956/57 durchzusetzen. (Wir erinnern uns: Chelsea hatte sich 1955/56 dem Druck der FA gebeugt). Für Busbys Hartnäckigkeit revanchierte sich die FA einige Zeit später auf ihre Art: Als die UEFA 1958 beschloss, ManU aufgrund des tragischen Unglücks von München-Riem als zweites englisches Team neben Meister Wolverhampton Wanderers am Cup 1958/59 teilnehmen zu lassen, untersagte dies der englische Verband, die Football Association.

Nach dem Absturz von München rang Busby selbst wochenlang um sein Leben. Doch wie sein Vater noch von deutschen Soldaten getötet worden war, wurde er nun von deutschen Ärzten gerettet. Aber er stand vor einem Scherbenhaufen. Sieben Spieler waren tot, zwei konnten nicht weiterma-

1957/58

chen. Gregg, Foulkes, Viollet, Morgans und Charlton blieben. Um sie herum baute er ein neues Team auf. Es dauerte etwas, aber die Erfolge kehrten zurück: 1963 englischer Cupsieger, 1966 und 1967 die Meisterschaft. Und am 29. Mai 1968, rund zehn Jahre nach München, war es so weit: ManU gewann in London mit einem 4:1 gegen Benfica Lissabon den Europacup.
Busbys Traum war in Erfüllung gegangen. Von der 58er-Elf waren noch Foulkes und Charlton dabei. Zu ihnen gesellten sich Torwart Stepney, Brennan, Dunne, Sadler, der 19-jährige Kidd, Aston, der "Terrier" Stiles, Crerand sowie der exaltierte Weltklasserechtsaußen George Best. Busbys Lieblingsschüler, der Schotte Denis Law, konnte wegen einer Knieverletzung nicht am Finale teilnehmen.
Anschließend wurde der Bergmannssohn Matt Busby zum Sir geadelt. Als Manager trat er 1968 zurück, bekleidete aber danach noch einige Funktionen bei ManU. Fünf Meisterschaften, sieben Vizemeisterschaften, zwei Pokalsiege, zwei weitere Cupendspielteilnahmen und den Europapokal der Landesmeister hatte er erreicht.
Doch spätestens als United 1974 in die 2. Liga absteigen musste, erkannte er, dass sich die Zeiten geändert hatten. Schon als Manager hatten ihm, dem Sportsmann, die übertriebene Härte von Stiles, die Revanchefouls von Law und die ständigen Eskapaden von Best missfallen. Seine "Babes" waren kein "Babes" mehr.
Sir Matt Busby verstarb am 20. Januar 1994. Als man ihn zu Grabe trug, auf dem Southern Cemetery von Chorlton-cum-Hardy, einem Vorort von Manchester, da waren sie noch einmal alle da, seine "Babes", und auch George Best hat bitterlich geweint.
Busby hat einmal gesagt: "Du musst auch dem letzten Reservisten das Gefühl geben, dass er ein wichtiger Teil des Klubs ist." Davon könnten heute nicht nur Fußballmanager einiges lernen - sie könnten auf teure Motivationskurse verzichten und bei Beherzigung dieses Satzes ihren Mitarbeitern und Mitmenschen viel Ärger und Verdruss ersparen. Kein Zweifel - Matt Busby war ein ganz Großer: als Manager, aber auch und gerade als Mensch. ●●●

••• 1958/59

Trotz des Kalten Krieges in Europa war es in den bisherigen Wettbewerben noch nicht zu Spielabsagen aus politischen Gründen gekommen, auch wenn es hier und da Schwierigkeiten gegeben hatte. Besonders die "neutrale" Schweiz tat sich ziemlich schwer, wenn ihre Meister gegen Mannschaften aus Osteuropa antreten mussten, was in der Vergangenheit sowohl Grasshoppers Zürich als auch Young Boys Bern zu spüren bekommen hatten. Jetzt, im August 1958, sagte der griechische Meister Olympiakos Piräus seine Teilnahme ab, da, so die Begründung aus Athen, die politischen Spannungen zwischen Griechenland und der Türkei es nicht erlaubten, dass Olympiakos bei Besiktas Istanbul antreten könne.

Wieder war eine Qualifikation notwendig, und wieder wurde hierbei eine regionale Einteilung (Ost, Mitte und West) vorgenommen. Die UEFA bot Manchester United aus gegebenem Anlass einen Platz an, aber der englische Verband untersagte die Teilnahme.

Schalke 04 war 1958 zum siebten (und bis heute letzten) Mal Deutscher Meister geworden und damit nach Rot-Weiß Essen und Borussia Dortmund der dritte westdeutsche Klub, der die BRD im Europacup vertrat. Der erste Gegner der "Knappen" war KB Kopenhagen. "Das müsste zu packen sein!", dachte man am "Schalker Markt". Aber Schalke hatte Probleme. Es lief noch nicht rund in der Oberliga West. Drei Tage vor dem Hinspiel in Kopenhagen reichte es gegen den VfL Bochum nur zu einem Unentschieden. Zudem laborierte Stopper Laszig an einer Knieverletzung. 15.000 Dänen trauten ihren Augen nicht. Wann hatten sie jemals ihre Elf so spielen sehen? Nach 46 Minuten hatten sie die Westdeutschen mit 3:0 regelrecht überrumpelt. Einzig Torwart Orzessek verhinderte Schlimmeres. Man gab der Schalker Elf für das Rückspiel nicht mehr viele Chancen. Aber Edi Frühwirth, der österreichische Trainer der Gelsenkirchener, wusste seine Mannschaft noch einmal zu motivieren. Am 18. September 1958 nagelten die Königsblauen vor 30.000

Die Mannschaft von Schalke 04 im Jahre 1958

1958/59

Anhängern in der Glückauf-Kampfbahn die Dänen von Beginn an in deren Hälfte fest. Wieder stand es nach 46 Minuten 3:0 - diesmal für Schalke 04. Aber KB wehrte sich. Zweimal Andersen (53. und 66. Minute) und eine Verletzung Brockers ließen die Hoffnungen der Schalker wieder schwinden. Aber sie erzwangen ihr Glück innerhalb von zwei Minuten: Nowak (70.) und ausgerechnet der verletzte Brocker (72.) schafften das 5:2, und damit das Entscheidungsspiel, das vor 28.000 Zuschauern (darunter 10.000 Deutsche) am 1. Oktober im benachbarten Enschede ausgetragen wurde. Und diesmal ließen die "Knappen" keine Zweifel aufkommen. Zweimal Klodt und einmal Nowak sorgten bei einem Gegentreffer von Krahmer für das Vorrücken ins Achtelfinale.

Berni Klodt von den Königsblauen schoss beim Entscheidungsspiel gegen Kopenhagen zwei Tore

Der erste Gegner von Stade de Reims war der FC Newtonards aus Nordirland. Die 71-jährige Ehrenpräsidentin der Nordiren, Gräfin Londonderry, konnte dem Hinspiel im Windsor Park zu Belfast nicht beiwohnen. Sie verpasste aber auch nichts, denn Reims siegte souverän mit 4:1. Aufgrund der bescheidenen finanziellen Verhältnisse des Ulster-Klubs sollte kein Bankett stattfinden. Die Spieler beider Teams wollten aber noch gemütlich zusammensitzen und baten darum, dass man ihnen wenigstens ein Abendessen servieren möge, für die Getränke wollten sie selbst aufkommen. (Nun wissen wir auch, warum die Großen des europäischen Fußballs irgendwann beschlossen haben, unter sich zu bleiben, und die Champions League gründeten. Man stelle sich vor, die Millionäre Effenberg, Beckham, Figo, Zidane etc. müssten irgendwo an der irischen Westküste oder in Armenien bei einem "Loser-Club" antreten und dann die Getränke noch selbst bezahlen...) Die französischen Stars um Fontaine und Piantoni nahmen es anscheinend mit Humor und ließen die armen Iren mit 6:2 auch in Reims einigermaßen ungeschoren davonkommen.

Der Franzose Just Fontaine erlebte in Nordirland ein tolles Spiel

Wismut Aue (nach offizieller DDR-Version immer noch Wismut Karl-Marx-Stadt) besiegte in seinem ersten Spiel den rumänischen Vertreter Petrol Ploesti mit 4:2, was aber noch nicht reichte. Nach der 0:2-Niederlage musste ein drittes Spiel entscheiden, und plötzlich war die UdSSR doch noch im Europacup vertreten, wenn auch nur als Gastgeber dieser

Begegnung: Sie fand nämlich im Nikita-Chruschtschow-Stadion von Kiew statt, und Aue gewann das Match mit 4:0.

MTK Budapest hatte mit seinen Stars Sipos, Sandor und Palotas wenig Mühe, die Qualifikation zu überstehen, und fertigte Polonia Bytom jeweils mit 3:0 ab. Noch deutlicher verfuhr Atletico Madrid mit Drumcondra Dublin, dem Meister der Republik Eire: 8:0 in Madrid und 5:1 in Dublin lauteten die Resultate.

Eine kleine Sensation gelang hingegen Jeunesse Esch. Die Luxemburger verloren zu Hause wie erwartet gegen IFK Göteborg mit 1:2. Wer nun aber geglaubt hatte, dass die Schweden vor heimischem Publikum den Sack endgültig zumachen würden, sollte sich täuschen. Dreimal trafen sie Pfosten und Latte, aber Jeunesse traf einmal das Tor! Erst im dritten Spiel, zu dem die Luxemburger aus finanziellen Gründen erneut im Nya Ullevi zu Göteborg antraten, setzte sich der IFK deutlich mit 5:1 durch.

Überraschend hoch, aber durchaus verdient schlug Standard Lüttich zu Hause die Hearts of Midlothian aus Edinburgh - 5:1 vor 30.000 im Stade Sclessin. Die Schotten fassten sich im Rückspiel zwar noch mal ein Herz, aber es reichte nur zu einem 2:1-Erfolg. Das war immerhin mehr, als dem niederländischen Meister DOS Utrecht vergönnt war, der zweimal gegen Sporting Lissabon verlor - wenn auch mit 3:4 und 1:2 jeweils äußerst knapp.

Enorm schwer tat sich Dukla Prag mit Dinamo Zagreb. Zwar führte man in Kroatien schon mit 2:0, am Ende hatten die Dinamos aber aufgeholt - 2:2. Vor 10.000 Anhängern zu Hause im Strahov war es dann Vacenovsky, der in der 71. Minute den mit viel Mühe errungenen 2:1-Sieg der Prager sicherstellte.

Am 24. September empfing der Klub der Agnelli-Dynastie (Fiat) den Wiener Sport-Club. 40.000 Tifosi im Stadio Communale von Turin sahen einen überragenden Sivori, der drei Treffer erzielte und damit fast allein verantwortlich war für den 3:1-Erfolg. Hans Pesser, Trainer der Wiener, gab die Hoffnung nicht auf, motivierte seine Leute noch einmal - und der 1. Oktober 1958 schrieb ein weiteres glanzvolles Kapitel in der gewiss nicht ereignisarmen Wiener Fußballhistorie. Die Dornbächer spielten

1958/59

sich in einen Rausch hinein und tanzten mit Juve den Wiener Walzer, dass der "alten Dame" des italienischen Fußballs schwindelig wurde. Hamerl schoss vier Tore, sein Team insgesamt sieben - und Juve? Null!!!

7:0 - 20.000 Fans konnten es nicht fassen. Stimmung wie in Rio, aber nicht bei den Spielern, die in den Zebra-Trikots vom Platz schlichen: Nationaltorhüter Mattrel, Italiens Altinternationaler Boniperti, der Schwede Palmer, der Waliser Hüne John Charles, Omar Sivori... Juventus Turin war bei seinem ersten Europacup-Auftritt schon in der Qualifikation ausgeschieden - und wie!

▶ Achtelfinale

Wie stark der Wiener SC war, bewies er auch im Achtelfinale. Vor 50.000 im Praterstadion wurde Dukla Prag beim 3:1 klar in seine Schranken verwiesen. Im Letna, eigentlich das Stadion des Lokalrivalen Sparta, gelang Duklas Halbrechten Masopust nach einer Stunde lediglich ein Tor, so dass der WSC relativ mühelos die nächste Runde erreichte.

Seit Spanien in der Qualifikation zur WM 1954 an der Türkei gescheitert war (wenn auch nur durch Losentscheid, dem allerdings drei Spiele vorausgegangen waren, in denen die Spanier die Entscheidung nicht hatten herbeiführen können), hatte man in Madrid kein gutes Gefühl, wenn es gegen türkische Mannschaften ging. (Als Randbemerkung sei es noch erlaubt darauf hinzuweisen, dass die Türken aufgrund der Qualifikation über die hoch eingeschätzten Spanier an Stelle der Deutschen in der Vorrunde der WM gesetzt worden waren. Der Ausgang der Geschichte ist hinreichend bekannt.) Und tatsächlich war es wie verhext: Real tat sich äußerst schwer gegen Besiktas Istanbul. Eine Stunde lang rannten die Madrilenen im Bernabeu-Stadion vergeblich an. Dann erst gelang Santisteban der erste Treffer. In der 84. Minute verlor di Stefano die Nerven und schlug den Ball weg - Platzverweis, auch das noch! Immerhin schoss Kopa in der 90. Minute noch das 2:0. Beim

John Charles, gebürtiger Waliser in den Diensten von Juventus Turin schied mit seinem italienischen Team gegen den Wiener Sport Klub aus

Das Stadion von Real Madrid: Das Bernabeu-Stadion

Rückspiel feuerten 30.000 türkische Fans im Kendi-Stadion ihre Elf bei Dauerregen, Schlammboden und Nebelschwaden pausenlos an, aber es reichte nur zu einem 1:1.

Weitaus souveräner als der Titelverteidiger gestaltete sich für Standard Lüttich der Sprung in die Runde der letzten Acht. Die Belgier bewiesen erneut ihre damalige Stärke, indem Sporting Lissabon sowohl in Portugal (3:2) als auch zu Hause (3:0) besiegt wurde.

2:2 hieß es am 9. November 1958 im Gamla Ullevi, also dem alten, aber keineswegs "vergammelten" Ullevi-Stadion, zwischen dem gastgebenden IFK Göteborg und Wismut Aue. 25.000 Fans, zumeist Uranbergleute, unterstützten beim Rückspiel ihre Wismut-Elf lautstark - und es half: Aue brillierte und gewann mit 4:0.

Drei Spiele benötigte Atletico Madrid gegen den starken Armeeklub aus Sofia. 2:1 und 0:1 hieß es vor Beginn der dritten Partie in Genf. Nach der Führung der Bulgaren und dem Ausgleich der Spanier dauerte es bis zur 108. Minute (Verlängerung), ehe der mittlerweile für Atletico spielende brasilianische Weltmeister Evaldo Izidio Neto, besser bekannt unter seinem "nom de guerre" Vava, mit dem 3:1 für die Entscheidung sorgte.

MTK Budapest erlebte eine böse Überraschung: Schon zu Hause unterlagen sie Young Boys Bern mit 1:2, in der Schweiz (die Berner Behörden hatten diesmal nichts dagegen) gar mit 1:4. Die Enttäuschung darüber war so groß, dass zum nächsten Punktspiel des ruhmreichen MTK gerade einmal 1.000 (!) Zuschauer kamen.

Wenig Probleme hatte Stade de Reims, die Equipe aus der Champagne, mit ihrem finnischen Gegner Palloseura Helsinki. Da in Finnland "Väterchen Frost" regierte, mussten die Nordlichter beide Partien in Frankreich bestreiten und unterlagen jeweils in Reims (0:4) und in Rouen (0:3).

Und dann war da noch eine Begegnung: Schalke 04 - Wolverhampton Wanderers. Diese Paarung elektrisierte das Ruhrgebiet. Am 12. November 1958 tauschten Billy Wright und Bernie Klodt im Molineux-Ground die Wimpel. Für den verletzten Orzessek stand der erst 20-jährige Loweg im Kasten der 04er. Und Loweg hielt, was zu halten war, und auch das, was eigentlich nicht zu halten war. Siebert brachte Schalke zur Pause in Front,

Vava sorgte mit seinen beiden Treffern für den Einzug ins Viertelfinale

1958/59

Broadbent wendete das Blatt zu Gunsten der Wanderers, die aber enorme Probleme mit den ständigen Flügelwechseln der Königsblauen hatten. Solch ein Wechsel brachte dann auch in der 88. Minute den Ausgleich - erzielt durch den "Schwatten" Koslowski auf Vorlage von Klodt. Zum Rückspiel füllten 40.000 voller Erwartung die Glückauf-Kampfbahn. Das "magische Viereck" der Schalker mit Borutta, Karnhof, Kördel und Jagielski pflegte zwar nicht mehr den berühmten "Kreisel", den Szepan und Kuzorra einst spielten, dafür aber einen einfallsreichen Tempo-Fußball. Permanent setzten sie ihre gefährlichste Waffe, die Flügelstürmer, in Szene, was zur Folge hatte, dass sie zur Pause mit 2:0 führten. Schalkes Erfolg schien nicht gefährdet zu sein, bis Jackson in der 48. Minute den Anschlusstreffer erzielte. Verbissen kämpften die "Wölfe" um den Ausgleich, aber immer wieder war es Loweg, der die "gelbe Gefahr" aus England stoppte.

Viertelfinale ▶ Schalke stand im Viertelfinale, wo der Gegner Atletico Madrid hieß. Am 4. März 1959 fand das erste Treffen im Bernabeu-Stadion des Lokalrivalen Real statt. 80.000 füllten die Ränge in Chamartin. Tagelanger Regen hatte die Spielfläche eher für ein Wasserball- denn für ein Fußballspiel reif gemacht. Schalke begann selbstbewusst. Nach fünf Minuten wurde Soya gefoult, konnte den Ball aber weiterleiten zu Nowak, der ihn unhaltbar im Kasten von Atletico versenkte - indes, der italienische Referee Moriconi hatte den Schalker Vorteil abgepfiffen. Damit war der Schwung der "Königsblauen" schon gebremst. Atletico übernahm das Kommando, ohne bis zum Seitenwechsel etwas Entscheidendes zustande zu bringen. Zudem war Orzessek in Hochform. In der 47. Minute half dies allerdings auch nichts, als Vava nach einem Pfostenschuss abstauben konnte. Nach 73 Minuten erzielte Miguel das 2:0, und als der Schiedsrichter den Spaniern in der 90. Minute einen Freistoß zugestand, war Peiro zur Stelle und markierte das 3:0.

Eine aussichtslose Angelegenheit. Trotzdem pilgerten wieder 40.000 "auf Schalke", und als Nowak bereits nach 25 Sekunden das 1:0 erzielte, keimte die Hoffnung wieder auf. Schalke stürmte unentwegt, Atletico verteidigte mit Mann, Maus und allen Tricks, welche die südeuropäischen Profis den damals in dieser Hinsicht doch noch

● **Atletico Madrid**
Pazos; Rivilla, Callejo; Mendiondo, Chuzo, Calleja; Gonzales, Sanchez, Vava, Peiro, Collar

● **Schalke 04**
Orzessek; Borutta, Laszig; Karnhof, Brocker, Jagielski; Koslowski, Nowak, Kördel, Soya, Klodt

Young Boys Bern
Eich; Schneiter, Bigler; Walker, Flückiger, Schnyder; Rey, Spicher, Wechselberger, Meier, Allemann

Wismut Aue
Thiele; K. Wolf, Müller; Wagner, S. Wolf, M. Kaiser; Killermann, Erler, Tröger, Zink, S. Kaiser

1958/59

etwas "unterbelichteten" Nord-, West- und Osteuropäern voraushatten. Den Königsblauen fehlte letztendlich ein "Reißer" im Sturm. Vava gelang kurz vor dem Abpfiff sogar noch der Ausgleich, was allerdings keinerlei Bedeutung mehr hatte. Aus der Traum vom Halbfinale, aber die Jungs vom "Schalker Markt" hatten eine glänzende Visitenkarte in Europa abgegeben.

Der andere deutsche Vertreter machte es ihnen nach. Das "Schalke des Ostens", Wismut Aue, rang den Young Boys aus Bern drei Spiele ab, ehe zum ersten Mal in der Geschichte des Europacups ein Schweizer Klub im Halbfinale stand - bis heute sind nicht allzu viele eidgenössische Teams diesem Beispiel gefolgt. Am Ende hieß es 2:2 in Wankdorf, 0:0 im Otto-Grotewohl-Stadion und 2:1 für YB im Amsterdamer Olympiastadion. 80.000 Zuschauer konnte der Wiener SC am 4. März 1959 im Praterstadion begrüßen. Kein Wunder nach den bisherigen Leistungen gegen Juventus Turin bzw. Dukla Prag und nunmehr diesem Gegner - Real Madrid. Dass es diesmal für die Wiener nicht zu einem "g'maht's Wieserl" werden würde, war wohl jedem klar. Aber es wurde auch insgesamt nicht das erwartet große Spiel. Einzig nennenswerter Höhepunkt der Partie war der Platzverweis für Puskas, als dieser in der 37. Minute nach dem auf dem Boden liegenden Barschandt trat. Aus dem sich anschließenden Handgemenge heraus wurde Real-Trainer Muñoz in Handschellen vom Platz geführt. Vor dem Rückspiel begrüßte Puskas Barschandt auf dem Madrider Flughafen mit Blumen, was zwar nicht zur Spielberechtigung für den "Major" führte, aber immerhin zur Beruhigung der Gemüter beitrug. Allerdings ließen sich die Wiener wohl zu sehr beruhigen, im Gegensatz zu di Stefano, der beim 7:1-Erfolg für Real wieder einmal kaum zu halten war und vier Tore schoss.

Als erster Halbfinalist stand Stade de Reims fest. Bereits am 18. Februar 1959 machten sie alles klar, taten sich dabei aber sehr schwer. Im frankophonen Duell mit den Wallonen aus Lüttich hatten sie ihre Probleme. Vor 36.000 bestätigten die Rothemden von Standard ihre bisherige Top-Form vor allem in der 2. Halbzeit des Hinspiels und schickten "les remois" mit einem 0:2 nach Reims zurück. Dort, im Stade Auguste Delaune, hielt Standard Lüttich den Vorsprung über eine Stunde lang.

1958/59

Halb- ▶
finale

Dann schlugen die WM-Dritten von Schweden innerhalb von 180 Sekunden zu: Piantoni in der 70. und Fontaine (bis heute Rekordtorschütze bei einer WM mit dreizehn Treffern) in der 73. Minute egalisierten das Hinspiel-Ergebnis. Und Just Fontaine brachte Reims mit seinem Tor in der 88. Minute endgültig ins Halbfinale - und die großartige Elf aus Belgien ins Tal der Tränen. Das Wankdorf-Stadion war zum Bersten gefüllt, als Stade de Reims am 15. April dort zum Halbfinale gegen Young Boys Bern antrat. Der Trainer der Schweizer, der ehemalige deutsche Nationalspieler Albert Sing (u.a. Mitglied jener großartigen Kickers-Elf aus Stuttgart um Jahn, Sälzler, Kronenbitter, Conen, Schaletzki und Sosna, die 1948 mit über 100 Treffern für einen ewigen Rekord in den westdeutschen Oberligen sorgten), hatte sein Team hervorragend vorbereitet, und ebenso spielten die Young Boys auch: In der 15. Minute gelang Goalgetter Meier das 1:0, aber dabei blieb es. Das genügte den Franzosen, um einen Monat später im Parc des Princes den Einzug ins Finale klar zu machen. Einmal Penverne und zweimal Piantoni sorgten für die Entscheidung. Wer würde diesmal der Endspielpartner der Franzosen sein? Wie 1956 Real oder diesmal Atletico Madrid? Die Erzrivalen benötigten drei Spiele, um diese Frage zu beantworten. 300. 000 Eintritts- und 12.500 Fernsehgelder wurden eingenommen. (Alle drei Treffen wurden übrigens von britischen Referees geleitet: Mowat aus Schottland bzw. den Engländern Leafe und Ellis.) Mit Mühe und nur durch einen Elfmeter von Puskas gewann Real das erste Spiel mit 2:1. Atletico schlug das Angebot Reals aus, auch das Rückspiel im Bernabeu auszutragen. Damit verzichtete man zwar auf Einnahmen in Höhe von 12.500, dafür war man aber zu Hause: vor 50.000 Fans im Metropolitano. Und Atletico wusste den Heimvorteil zu nutzen: Collar erzielte in der 43. Minute den einzigen Treffer der Partie. Zum dritten Aufeinandertreffen kamen nur 20.000 Interessierte nach Saragossa. Real hatte am Ende wie meistens die besseren Nerven. Di Stefano und Puskas sorgten, bei zwischenzeitlichem Ausgleich durch Collar, für den 2:1-Erfolg der "Meringues".

Die Berner Young Boys

● **Real Madrid**
Dominguez; Miche, Santamaria; Lesmes, Ruiz, Zarraga; Kopa, Mateos, di Stefano, Puskas, Gento

● **Atletico Madrid**
Pazos; Rivilla, Callejo; Mendiondo, Chuzo, Calleja; Gonzales, Sanchez, Vava, Peiro, Collar

1958/59

Am 3. Juni 1959 fand vor 80.000 Zuschauern im Stuttgarter Neckarstadion das vierte Endspiel um den Europapokal statt. Beide Teams waren in der abgelaufenen Saison in ihren Ländern nicht Landesmeister geworden. Jeder musste also dieses Spiel gewinnen, wollte er 1959/60 wieder dabei sein.

◀ Finale

Puskas musste verletzungsbedingt ersetzt werden. Aber konnte man von Rial als "Ersatz" sprechen? Besonders groß in Form war zumindest Mateos. Schon nach zwei Minuten zog der Halbrechte auf der linken Seite auf und davon, drang in den Strafraum ein, ließ zwei Franzosen stehen und Torwart Colonna keine Chance. Nur eine Minute später knallte Piantoni Santamaria den Ball an den Kopf, von wo die Lederkugel allerdings im Tor-Aus landete. Nach sechzehn Minuten war es wieder Mateos, diesmal von rechts kommend, der für Aufregung im französischen Strafraum sorgte: Er wurde gelegt und erhielt einen Elfmeter zugesprochen, den er unbedingt selbst ausführen wollte. Di Stefano gefiel das Ganze nicht, denn er erkannte die Reaktionsschnelligkeit und Gewandtheit von Torhüter Colonna, ließ Mateos aber dennoch den Vortritt. Wie ein Panther hechtete Colonna Mateos' fulminanten Schuss zur Seite weg. Dieser Erfolg ihres Torwarts beflügelte die Reimser, und ihr hochkarätiger Angriff setzte Real nun durchaus unter Druck, aber Goalgetter Just Fontaine hatte nicht seinen besten Tag. Kurz vor der Pause verletzte sich Kopa, für den es eines der letzten Spiele im Real-Dress war, da er zur nächsten Saison wieder nach Reims zurückkehren wollte, so schwer am Knie, dass er sich auf die Bank setzen wollte. Trainer Carniglia, dem das alles wohl etwas "spanisch" vorkam, tobte am Spielfeldrand ob des "Weicheis" Kopa, der dann in die Abwehr versetzt wurde, wo er anschließend bewegungslos wie ein Baum stand und jeden Ball, der ihm vor die Füße fiel, sofort an einen Mitspieler weitergab. Aber, wie di Stefano Jahrzehnte später anerkannte, Kopa hielt durch. Und Real zeigte sich auch in der zweiten Halbzeit als Schnellstarter, denn erneut fiel in der 2. Minute des Spielabschnitts ein Tor. Nach einer Kombination mit Mateos zog di Stefano unvermittelt aus 20 Metern ab. Colonna hatte gegen dieses trockene Geschoss keine Chance. Danach schaukelte Real das Spiel routiniert "nach Hause". Der Klassesturm von Reims fand

1958/59

Die Finalisten Stade de Reims
hinten v.l: Jacquet, Penverne, Rodzik, Jonquet, Siatka, Leblond, Colonna, Giraudo
vorne v.l.: Lamartine, Bliard, Fontaine, Piantoni, Vincent

Real Madrid mit dem Europapokal
hinten v. l.: Kopa Mattheos, di Stefano, Rial, Gento
vorne v. l: M. Alonso, Santisteban, Santamaria, Dominguez, Zarranga, Ruiz

einfach kein Mittel, um Real ernsthaft gefährden zu können. Dem Endspiel fehlte etwas die Brillanz, die man sich erhofft hatte, aber enttäuscht konnte niemand wirklich sein. Besonderes Lob erhielt von beiden Seiten und von neutralen Beobachtern der deutsche Schiedsrichter Albert Dusch aus Kaiserslautern.

Insgesamt konnte bilanziert werden, dass der Wettbewerb wieder an Popularität gewonnen hatte, besonders in Deutschland und in der Schweiz, wo die Leistungen von Schalke 04 bzw. Wismut Aue und Young Boys Bern die Massen in die Stadien lockten.

Real Madrid
Dominguez; Marqitos, Santamaria; Zarraga, Santisteban, Ruiz; Kopa, Mateos, di Stefano, Rial, Gento

Stade de Reims
Colonna; Rodzik, Jonquet; Giraudo, Penverne, Lamartine; Bliard, Leblond, Fontaine, Piantoni, Vincent

1958/59

●●● Portrait
Raymond Kopa

Der mittlerweile abgelöste Welt-, aber noch amtierende Europameister Frankreich bezieht seine Stärke heute vielfach aus den Qualitäten dunkelhäutiger Spieler bzw. generell solcher aus Einwandererfamilien. Akteure wie Thuram, Djorkaeff, Henry, Zidane etc. sind hierfür die besten Beispiele und personifizieren zugleich das Erbe französischer Kolonialpolitik. Doch auch bereits in den 50er Jahren waren Angehörige von zwei zahlenmäßig großen Migrantengruppen in der "equipe tricolore" vertreten und prägten die französische Liga. Zum einen waren es Söhne italienischer Zuwanderer wie Bonifaci oder Piantoni, vor allen Dingen aber die Nachkommen polnischer Arbeitsimmigranten, die in den 30er Jahren in den französischen Bergbaugebieten heimisch geworden waren: Torwart Cesar Ruminski, Wiesnieski, Ujlaki, Glovacki, Cisowski. Einer überragte sie alle: Raymond Kopaszewski.

Geboren wurde er am 15. Oktober 1931 als Sohn eines Bergmannes in Noeux-les-Mines. Beim dortigen Klub US begann er als 8-Jähriger mit dem Fußballspielen. 1949 wechselte er zu SCO Angers in den Südwesten Frankreichs, wo er zwei Jahre lang spielte. Albert Batteux, der Trainer des aufstrebenden Vereins Stade de Reims entdeckte Kopaszewski anlässlich eines Freundschaftskicks beider Teams und verpflichtete ihn sofort. Von 1951 an war er nun in Reims aktiv, wo Batteux dabei war, ein europäisches Spitzenteam zu formen. Kopaszewski gefiel den Massen und den Massenmedien als großer Dribbler, als einer, der auf engstem Raum seine Gegner austricksen konnte. Aber Batteux hatte erkannt, dass dieser junge Mann zu mehr taugte - zum Spielmacher. Kopaszewski war sozusagen das "Tüpfelchen auf dem i" für Batteux und Stade de Reims. Er war technisch perfekt, konnte mit seinen Dribblings zwei, drei Gegner auf sich ziehen, um im entscheidenden Moment den "tödlichen" Pass zu spielen.

So dauerte es auch nicht mehr lange, bis er in der Nationalmannschaft debütierte. Es war im Oktober 1952, als eine junge Garde den Rasen des Pariser Stade de Colombe zum Länderspiel gegen die BR Deutschland betrat. Ein durchaus brisantes Treffen, denn die Wunden der deutschen Besatzungszeit waren noch im Bewusstsein der Bevölkerung präsent. Gemeinsam mit Kopaszewski debütierte eine Reihe weiterer "junger Wilder" wie Ruminski, Ujlaki, Penverne oder Cisowski, die die Deutschen schwindelig spielten. Am Ende war Sepp Herberger froh, dass es beim 1:3 blieb. Die deutsche Presse ließ kein gutes Haar am Bundestrainer und vor allem an Fritz Walter, dem in Paris nichts gelang und der nach diesem Match endgültig von der Nationalelf zurücktreten wollte. Der "Chef" bearbeitete "seinen" Fritz, der dann doch weitermachte - zum Glück für den deutschen Fußball. Auf Seite der Franzosen war Kopaszewski jedenfalls von diesem Spiel an nicht mehr aus dem Nationalteam wegzudenken.

Bei der WM 1954 führte ihn die FIFA auf der offiziellen Namensliste noch mit Kopaszewski, aber irgendwann blieb davon nur noch die ersten vier Buchstaben übrig, und als "Kopa" wurde er weltberühmt., obwohl zunächst einmal die 54er-WM für ihn und Frankreich unter keinem glücklichen Stern stand: Man scheiterte bereits in der Vorrunde an Brasilien und Jugoslawien.

Raymond Kopa wurde mit Real Madrid dreimal Europacupsieger

1958/59

Im Verein lief es besser. Stade de Reims praktizierte unter seiner Regie "l'offensive permanence, le football champagne", wie Kopa es heute auf seiner Homepage im Internet nennt. Und "les remois" waren erfolgreich. Nicht nur in Frankreich, wo sie 1953 Meister wurden, sondern auch im Latin Cup, den Reims ebenfalls 1953 durch einen 3:0-Erfolg im Finale gegen den AC Mailand gewann. 1955 wiederholte sich das Ganze. Wieder wurde man französischer Meister, wieder stand man im Finale des Latin Cup - diesmal verlor man allerdings mit 0:2 gegen Real Madrid!

Ein Jahr später kam es zur gleichen Endspielkonstellation - nun allerdings im neu geschaffenen Europacup der Landesmeister. Diesmal siegte Real mit 4:3. Schon vor dem Spiel war klar, dass Kopa zum Rivalen aus Madrid wechseln würde. Dort war er dann für die folgenden vier Jahre nicht wegzudenken aus der legendären Sturmreihe der "Königlichen". Egal, wer dort neben ihm stand: Ob Mateos, Rial, Marsal oder Puskas, er war neben di Stefano und Gento quasi gesetzt, wenn auch auf dem ungeliebten Posten des Rechtsaußen, der er nun wirklich nicht mehr war. Er hatte auch immer wieder Probleme mit di Stefano, der nach dem Motto lebte und agierte: "Lasst keine Götter neben mir spielen!" An diesen Gegebenheiten scheiterte bei Real u.a. auch so ein Weltklassespieler wie Didi. Kopa aber biss sich durch, ehe es ihm 1959 dann schließlich doch reichte. Im Jahr zuvor hatte er bei der WM in Schweden auf dem Posten des Mittelfeldspielers Weltklasseleistungen geboten. Er und sein Pendant Just Fontaine verstanden sich blind. Kopa spielte (auch im Zusammenwirken mit Piantoni) Rasenschach, und Fontaine setzte die Gegner in Form von dreizehn Treffern "schachmatt". Frankreich wurde WM-Dritter, scheiterte lediglich an den großen Brasilianern. Im Spiel um den 3. Platz ließen sie den Deutschen mit 6:3 keine Chance.

Kopa wurde mit Real Madrid dreimal Europacupsieger (1957, '58 und '59) und zweimal spanischer Meister (1957 und '58). Das letzte Spiel für Real bestritt er ausgerechnet gegen Stade de Reims beim Europapokal-Finale 1959 in Stuttgart. Danach kehrte er wieder zurück in die Stadt des Remigius, der 496 n. Chr. den Frankenkönig Chlodwig in Reims taufte und damit den Weg für das Christentum im ehemaligen Gallien freimachte. Für Stade de Reims spielte Kopa noch bis 1968, ehe er die Schuhe an den Nagel hängte.

Frankreichs Talentschmiede hat in den vergangenen Jahren bis heute unzählige Fußballkünstler hervorgebracht: Cantona, Ginola, Anelka, Blanc, Deschamps, Desailly, Henry, Dugarry, Zidane, Djorkaeff. Und vergessen wir auch nicht die Europameister von 1984, die bei den WMs 1982 und 1986 jeweils im Halbfinale am "Teutonenfußball" und an ihren eigenen Nerven scheiterten: Allen voran der große Platini, Giresse, Tigana, Revelli, Six, Fernandez... Sei es die 80er- oder die 90er-Generation, sie alle zelebrierten bzw. zelebrieren noch heute und hoffentlich noch lange "le football champagne". Und somit ist Raymond Kopa vielleicht so etwas wie der "Stammvater" dieser Weltklassefußballer. ●●●

••• 1959/60

Am 6. Juli 1959 wurde am Comer See die Qualifikationsrunde für den Europacup 1959/60 ausgelost. Real Madrid wurde von der Qualifikation befreit, Freilose zogen Young Boys Bern, Sparta Rotterdam, Odense BK und Roter Stern Belgrad. In den Genuss der Befreiung von der Qualifikation kam auch der deutsche Meister Eintracht Frankfurt, da Palloseura Helsinki verzichtete. Unter den vielen männlichen Vereinsvertretern bei der Auslosung befand sich auch eine Dame: Mrs. Cunningham, Inhaberin des wichtigsten Buchmacher-Unternehmens auf der Grünen Insel und gleichzeitig Präsidentin des irischen Rekordmeisters Shamrock Rovers Dublin.

Und die Jungs von Mrs. Cunningham machten dem OGC Nizza das Leben reichlich schwer. Sie verloren nämlich an der Côte d'Azur nur sehr knapp mit 2:3 und hatten im heimischen Glenmaluke Park Pech, dass sie über ein 1:1 nicht hinauskamen.

Im Vasil-Levski-Stadion von Sofia präsentierte sich der heimische Armeesportklub CDNA den 55.000 Besuchern beim Spiel gegen den CF Barcelona in guter Form. Die katalanische Startruppe musste sich mit einem 2:2 begnügen, dem sie aber im Nou Camp vor 80.000 einen 6:2-Sieg folgen ließen, wobei Evaristo und Kubala jeweils dreimal erfolgreich waren.

Ebenfalls dreimal traf der Wiener Sport-Club zu Hause gegen Petrol Ploesti, aber alle drei Treffer wurden nicht anerkannt. Mit einem spärlichen 0:0 im Gepäck und ohne Goalgetter Hof, der vereinsintern kurz zuvor wegen "Nachtschwärmerei" gesperrt worden war, flog man nach Rumänien. Dort entledigte Horak den WSC mit zwei Treffern zum 2:1-Sieg zwar letztlich aller Sorgen, doch die Wiener hatten die Qualifikation nur mit Hängen und Würgen überstanden - kein Vergleich zum glanzvollen 7:0 gegen Juve im Vorjahr.

In Belfast sorgte "Jackie" Milburn, vormals englischer Nationalspieler, Anfang der 50er Jahre zweifacher Cupsieger mit Newcastle United und mittlerweile Manager, Trainer, Spieler und Goalgetter des Linfield AFC, mit zwei Toren für den Sieg seines Teams über IFK Göteborg, das aber im Rückspiel keinen Zweifel daran ließ, wer ins

1959/60

Achtelfinale vorrücken würde - 6:1 siegten die Blau-Weißen am Ende.

Die polnischen Meister bekamen im Europacup keinen Fuß auf den Boden. Am 9. September 1959 wurde Polens Fußball regelrecht gedemütigt. Mit sage und schreibe 5:0 deklassierte Jeunesse Esch den polnischen Vertreter LKS Lodz. Zwar siegte Lodz im Rückspiel mit 3:1 gegen die Luxemburger, aber die Sensation der Qualifikation war perfekt.

Eine Abzweigung des heutigen ASK Inter hatte 1959 als Roter Stern Bratislava den CSR-Meistertitel geholt. Bei ihrem ersten Europapokal-Auftritt trafen die Slowaken, die stets im Schatten des großen Lokalrivalen Slovan standen und stehen, nun auf den FC Porto und behielten mit 2:1 und 2:0 jeweils die Oberhand. Der Star der Mannschaft war Adolf Scherer, der mit seinen Toren die Tschechoslowakei 1962 ins WM-Endspiel von Chile schoss.

Adolf Scherer der Star des tschechoslowakischen Teams CH Bratislava

Beim Hinspiel im eigenen Stadion konnte Olympiakos Piräus dem AC Mailand immerhin noch ein 2:2 abtrotzen. Vor 20.000 Tifosi in Mailand hatte Milans Rechtsaußen Danova dann aber einen großen Tag. Er traf dreimal ins Tornetz der Griechen und profitierte dabei auch von dem spielerischen Feuerwerk, das der südamerikanische Innensturm mit Grillo, Altafini (Mazzola) und Schiaffino entfachte.

Dass Fenerbahce am Bosporus ein 1:1 gegen Csepel erreichte, nahm man in Budapest nicht weiter tragisch. Der vierfache ungarische Meister aus dem Süden der Donaumetropole würde es schon packen, zumal im Rückspiel auch WM-Teilnehmer Jozef Toth wieder dabei sein würde. Aber Ignac Molnar, der ungarische Trainer von Istanbul, hatte seine Mannschaft hervorragend eingestellt. Vor allem der auch in Deutschland von der WM '54 bekannte Lefter war in Topform. Zum Entsetzen der 45.000 im Nep-Stadion siegte der "türkischste" aller türkischen Klubs mit 3:2.

Während sich die Rangers aus Glasgow mit 5:2 und 2:0 eindeutig über den RSC Anderlecht hinwegsetzten, ging es beim Duell zwischen Vorwärts Berlin und den

Wolverhampton Wanderers
Finlayson; Stuart, Harris; Slater, Showell, Flowers; Deeley, Broadbent, Murray, Mason, Lill

Vorwärts Berlin
Spickenagel; Kalinke, Kiupel; Krampe, Unger, Reichelt; Meyer, Riese, Vogt, Nöldner, Kohle

Wolverhampton Wanderers weitaus knapper zu. Vor 65.000 im Walter-Ulbricht-Stadion besiegte der Berliner Armeesportklub die "Wölfe" mit 2:1 und lieferte den Kickern von der Insel auch im extra angefeuchteten Molineux-Ground einen harten Kampf, den die Engländer erst spät mit 2:0 für sich entscheiden konnten.

Weniger Mühe als in der Qualifikation hatte der Wiener SC im Achtelfinale. Beim BK Odense siegten die Wiener mit 3:0, im Rückspiel hieß es am Ende 2:2. Auch Real Madrid leistete sich keine Blöße. Die Madrilenen ließen sich durch den sensationellen Erfolg von Jeunesse Esch über Lodz nicht beeindrucken und fegten den Gast aus Luxemburg vor einer Kulisse von immerhin 50.000 im Bernabeu-Stadion mit 7:0 vom Platz. Zum Rückspiel kamen 20.000 "Letzeburger", um das Starensemble aus Madrid einmal aus der Nähe zu betrachten. Esch gelangen immerhin zwei Tore, allerdings schossen die Spanier deren fünf. Die Verantwortlichen von Real ließen den brasilianischen Weltmeister Didi übrigens noch nicht einmal in diesem Spiel mitmachen.

◀ Achtelfinale

Der Rotterdamer Traditionsverein Sparta (ein früherer Kricketklub) besiegte IFK Göteborg im Het Kasteel durch drei Tore von Mittelstürmer Daniels mit 3:1. Da man allerdings in Göteborg mit dem gleichen Resultat unterlag, musste ein drittes Spiel zur Ermittlung des nächsten Viertelfinalteilnehmers herhalten. Es fand am 25. November vor 8.000 Fußballinteressierten im Bremer Weserstadion statt und sah am Ende die Niederländer als Sieger. Sparta gewann - mit 3:1.

Der vermeintliche Knüller des Achtelfinales lautete AC Mailand gegen CF Barcelona. 54.000 Tifosi im San Siro erwarteten ein großes Spiel, das sie zumindest von Milan aber nicht sahen - Barcelona gewann mit 2:0. Beim Rückspiel konnte sich wieder einmal Kubala mit drei Treffern in die Torschützenliste eintragen, was die Grundlage für den überraschend klaren 5:1-Erfolg der Katalanen bildete. Milan war in beiden Partien ohne Chance.

Im Berner Wankdorf-Stadion traten die Frankfurter zu ihrer Europacup-Premiere an. Zwei Leistungsträger aus der Meisterelf der Vorsaison hatten die Eintracht mittlerweile verlassen: der Ungar Sztani war in Richtung Lüttich abgewandert, und Feigenspan hatte sich den

1959/60

"Sechzigern" aus München angeschlossen. Gleichwertiger Ersatz für Feigenspan wurde mit Erwin Stein von Viktoria Griesheim gefunden. Dennoch reiste man skeptisch nach Bern. Zu stark war der Eindruck gewesen, den die Young Boys im letztjährigen Wettbewerb hinterlassen hatten. Zur Beruhigung erzielte Weilbächer schon in der 3. Minute per Freistoß die Führung für die Hessen. Das schockte die Schweizer zwar kurzzeitig, aber sie kämpften sich ins Spiel zurück. Nach 20 Minuten gelang Meier der Ausgleich, und in der zweiten Halbzeit gewann das Berner Läuferpaar Schnyder/Schneiter (Trainer Sings so genannte "Schneiderei") die Oberhand im Mittelfeld. Mit bis zu zehn Mann in der Offensive schnürte YB die Eintracht förmlich ein, und es schien nur eine Frage der Zeit zu sein, wann das 2:1 für die "Gelben" fallen würde. Doch dann plötzlich ein Konter der Hessen: Stein erlief einen Steilpass und ließ Eich keine Chance. Jetzt brachen bei den Young Boys die Dämme. Bäumler verwandelte nur wenig später einen Elfmeter, und "Flutlicht-Meier" gelang sogar noch das 4:1 für die Eintracht, das wahrlich nicht dem Spielverlauf entsprach - aber so ist Fußball. Im Rückspiel glänzte vor allem der Berner Torhüter Eich mit prachtvollen Paraden - am Ende hieß es 1:1, und 40.000 Zuschauer konnten den Einzug in das Viertelfinale bejubeln.

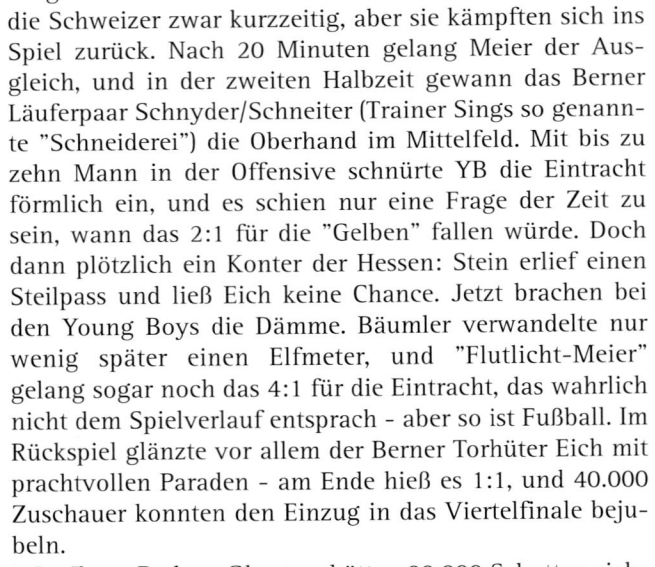

Im Ibrox Park zu Glasgow hätten 80.000 Schotten sicherlich auch schon gerne Grund zum Feiern gehabt, aber zunächst mussten sie um ihre Rangers bangen, die mit dem Roten Stern aus Bratislava erhebliche Probleme hatten. Erst in buchstäblich allerletzter Minute kamen sie durch Millar zu einem äußerst knappen 4:3-Erfolg, den sie im Rückspiel mit Zähnen und Klauen verteidigten - 60.000 slowakische Zuschauer gingen enttäuscht nach Hause.

Zumindest eine Gefahr bestand am 11. November 1959 im Belgrader Armeestadion nicht: Die, dass Schiedsrichter Ommermann die Pfeife einfror. Von etwaiger Sankt-Martins-Atmosphäre, gegenseitiger

Beim Rückspiel im Frankfurter Waldstadion: Kress und der Schweizer Bigler im Zweikampf

Glänzte durch unglaubliche Paraden: der Berner Torwart Eich

1959/60

Ron Flowers von den Wolverhampton Wanderers

Güte und Barmherzigkeit war nichts zu spüren. Knüppelhart beharkten sich die "Roten Sterne" aus Belgrad mit den "Wölfen" aus Wolverhampton und trennten sich nach neunzig niveauarmen Minuten mit 1:1. Im Rückspiel wiederholte sich das Geschehen, mit dem einzigen Unterschied, dass die Briten das bessere Ende für sich hatten und mit einem satten 3:0 in die Runde der letzten Acht einzogen.

Zur Ermittlung des letzten noch ausstehenden Viertelfinalisten wurde ein Entscheidungsspiel notwendig, da Fenerbahce Istanbul und OGC Nizza vor heimischem Publikum jeweils mit 2:1 gewonnen hatten. So standen sich beide Teams einen Tag vor Heiligabend des Jahres 1959 in Genf zum dritten Mal gegenüber. In diesem letzten Spiel des Europacups in den 50er Jahren siegten die Südfranzosen souverän mit 5:1.

◀ Viertelfinale

Im Viertelfinale bekam es Nizza dann mit Real Madrid zu tun, das an der Côte d'Azur bereits nach 27 Minuten mit 2:0 in Führung lag. Di Stefano war diesmal nicht dabei, seine Rolle übernahm Puskas und schleppte bzw. verteilte die Bälle. Nach 45 Minuten war bei Real allerdings die Luft raus. OGC gewann Oberwasser, besonders Victor Nuremberg, Luxemburger Nationalspieler und Mannschaftskapitän der Südfranzosen, spielte groß auf und erzielte alle drei Treffer zum 3:2-Endstand für Nizza, dessen hervorragender Sturm dieses Spiel gewann.

In Madrid wollte man dieses Resultat kaum glauben, und so kamen zum Rückspiel 90.000 Neugierige ins Bernabeu-Stadion. Sie erlebten eine Galavorstellung di Stefanos, der sein Team zu einem ungefährdeten 4:0-Sieg und somit ins Semifinale führte.

Die Glasgow Rangers hatten sich mit Sparta Rotterdam auseinander zu setzen. Sparta war in der Vorsaison nach 44 Jahren wieder niederländischer Meister geworden, der sechste Titelgewinn für den 1888 gegründeten Klub. Die Schotten hingegen hatten bereits ihren 30. Titel feiern können und wurden in Rotterdam ihrer Favoritenrolle auch gerecht: Sie gewannen mit 3:2. Aber Sparta war nicht von Pappe. Die Rotterdamer siegten ihrerseits in Glasgow mit 1:0 und lieferten den Rangers im dritten Spiel einen heißen Tanz. Nur äußerst knapp (wieder mit

● **OGC Nizza**

Lamia; Martinez, Chorda; Cornu, Gonzales, Milazzo; de Bourgoing, Alba, Foix, Nuremberg, Barrou

● **Real Madrid**

Dominguez; Alonso, Garcia, Vidal, Santamaria, Santisteban; Herrera, Rial, Mateos, Puskas, Gento

3:2) gewannen die schottischen Protestanten. Vielleicht gab letzten Endes der kleine Heimvorteil den Ausschlag für die Rangers – das Match fand nämlich im traditionsreichen Highbury Stadium von Arsenal London statt.

Dem anderen britischen Vertreter erging es schlimmer. Stan Cullis, der Manager der Wolverhampton Wanderers, hatte vor dem Hinspiel beim CF Barcelona erklärt, dass ihn die Spielweise der Katalanen nicht interessiere, und verächtlich vom "Salonfußball" südeuropäischer Mannschaften gesprochen. Hinterher war er sprachlos. Nur sein Kapitän Billy Wright war voll des Lobes für Barca. Besonders der junge Luis Suarez hatte eine Klassepartie abgeliefert, und obwohl sie ab der 30. Minute praktisch mit einem Mann weniger spielten (warum?), überrannten die Katalanen die Engländer. Am Ende leuchtete von der Anzeigetafel des Nou Camp ein deutliches 4:0. Und auch im Rückspiel ließ Barca den 1877 gegründeten Wanderers keine Chance. Zwar war der Molineux-Ground zwecks Schaffung typisch britischer Platzverhältnisse extra angefeuchtet worden, zwar kugelte sich Kocsis kurz vor der Pause den Arm aus und wurde vorübergehend ohnmächtig, aber da hatte er schon drei Tore erzielt (und setzte später sogar noch eins drauf). Die fairen britischen Fans verabschiedeten Barca mit großem Beifall, denn sie erkannten die Klasse der Spanier an. Welche Elf vom Kontinent hatte jemals zuvor im Molineux 5:2 gewonnen?

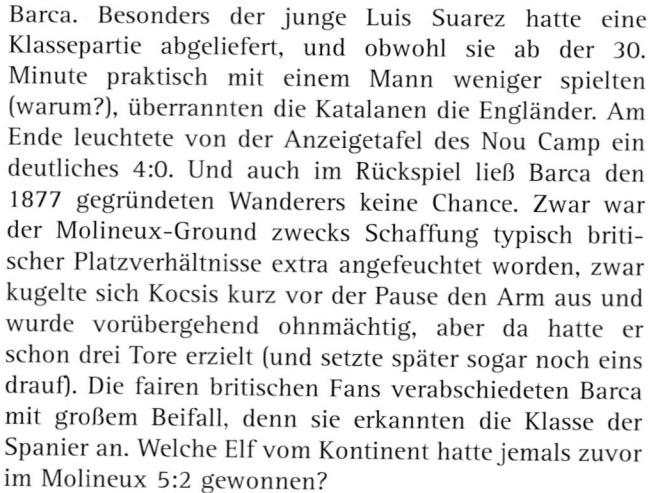

Weitaus enger ging es zwischen der Frankfurter Eintracht und dem Wiener SC zu. Im Waldstadion erlebten 35.000 Fans eine Zitterpartie. Die Eintracht war zwar ständig überlegen und ging auch in Führung, aber mehr schien der Riegel des WSC nicht zuzulassen. Und als Skerlan zu allem Überfluss auch noch den Ausgleich erzielte, gab es reichlich betretene Mienen auf den Rängen. Zwar gelang Meier doch noch das 2:1, aber ob das in Wien reichen würde? Dort nahmen die Hausherren sofort das Zepter in die Hand und erzielten in Person von Torjäger Hof das 1:0. Die Zuschauer peitschten die

Ad Verhoeven von Sparta Rotterdam

Sandor Kocsis von CF Barcelona kugelte sich den Arm aus. Davor allerdings schoss er für sein Team drei Tore

1959/60

Dornbächer vehement nach vorne, aber Loy und seine Vorderleute standen stabil, so dass sich bis zum Seitenwechsel nichts am Ergebnis änderte. Nach der Pause wagte Trainer Oswald einen Schachzug - die Eintracht griff plötzlich an, sie wollte die Entscheidung jetzt erzielen und sich nicht auf ein drittes Spiel verlassen. Die Rechnung ging auf. Nach einer Vorlage Lindners erzielte Stein den Ausgleich, und dabei blieb es bis zum Ende. Somit war es zum ersten Mal in der Geschichte des Europacups einem deutschen Team gelungen, in den erlauchten Kreis der letzten Vier zu gelangen.

Der Frankfurter Alfred Pfaff

Der Griff in die Lostrommel ergab für das Halbfinale die Paarungen Real Madrid - CF Barcelona sowie Eintracht Frankfurt - Glasgow Rangers. Auf spanischer Seite hielt sich die Begeisterung über das Ergebnis der Auslosung doch ein wenig in Grenzen. Zufriedener war man da schon bei den Rangers, denn es stand bereits fest, dass das diesjährige Finale im Glasgower Hampden Park stattfinden sollte, und Frankfurt... na, die sollte man doch ausschalten können.

◀ Halbfinale

Bei Real hing der Haussegen ein wenig schief. Schon in der vorangegangenen Spielzeit 1958/59 war man nur Vizemeister geworden - ausgerechnet hinter dem CF Barcelona. Und auch in dieser Saison lief es nicht rund. Herrera und Canario konnten Kopa nicht ersetzen, Didi kam kaum einmal zum Zuge, Trainer Solich wurde entlassen, dafür kam Muñoz, und mit Pachin und del Sol wurden schnell zwei Nachverpflichtungen getätigt. Doch allen Kriseleien zum Trotz war man im Europacup unverändert eine Macht. Am 21. April 1960 stieg im Bernabeu-Stadion das erste Duell mit dem Erzrivalen aus Katalonien. Di Stefano war zweimal per Kopf erfolgreich, Puskas erzielte einen Treffer, und am Ende hieß es 3:1. Real hatte den erhofften Zwei-Tore-Vorsprung geschafft, doch ein Unentschieden wäre auch gerecht gewesen. Barca hatte die bessere Mannschaft, Real die besseren Solisten. Aber auch bei den Katalanen krachte es im Gebälk. "Sklaventreiber" Helenio Herrera hatte sich mit Czibor und Kubala überworfen, woraufhin sie in beiden Partien nicht eingesetzt wurden. Eine erhebliche Schwächung, wie sich auch im Rückspiel am 27. April zeigte. Barca

Luis Suarez von CF Barcelona. Er war 1962 und 1966 bei den Fußballweltmeisterschaften für Spanien im Kader

1959/60

wollte einfach kein Tor gelingen, dafür aber den Madrilenen. Zweimal Puskas (26. und 56.) sowie Gento in der 51. Minute sorgten für einen beruhigenden Vorsprung von Real, dem Kocsis in der 88. Minute nur noch das 1:3 entgegensetzen konnte. Real Madrid war zum fünften Mal hintereinander im Endspiel.

In Schottland gab es keinerlei Zweifel, dass die Rangers am 18. Mai in ihrer Heimatstadt zum Finale antreten würden. Und 77.000 im Waldstadion seufzten schon nach acht Minuten auf, als Kress einen Elfer vergab. Aber die Eintracht spielte unverdrossen weiter, ließ sich nicht beirren, zumal Pfaff den vielleicht besten Tag seines Fußballerlebens erwischt hatte. Nach 28 Minuten erzielte folgerichtig Stinka das 1:0, das allerdings durch einen Elfmeter für die Schotten postwendend ausgeglichen wurde. Zur Halbzeit stand es 1:1. Nach der Pause krönte dann Pfaff binnen dreier Minuten seine Glanzleistung, indem er zunächst zur erneuten Eintracht-Führung abstaubte und anschließend einen 20m-Freistoß um die Mauer herum ins Netz zirkelte. Noch warnten die Vorsichtigen vor der Kondition der Briten, vor dem Endspurt der Rangers. Aber zum Endspurt setzte die Eintracht an. Eine Viertelstunde vor Schluss erzielte Lindner das 4:1, und in den letzten fünf Minuten machten noch einmal Lindner sowie Stein die Sensation perfekt und das halbe Dutzend voll - 6:1! Immer wieder mussten die britischen Journalisten ihren Kollegen zu Hause klar machen, dass nicht die Rangers, sondern die Hessen gewonnen hatten. Sie konnten es nicht glauben.

Beim Rückspiel im Ibrox Park hofften 75.000 doch noch auf eine Sensation, aber schon nach sieben Minuten führte die Eintracht, und allmählich wurde den Zuschauern klar, was ihrer Elf in Frankfurt widerfahren war. Wieder waren die Hessen groß in Fahrt und siegten in Glasgow mit 6:3. Es gab "Standing Ovations" für die Eintracht-Spieler, die Rangers bildeten am Ausgang ein Spalier und entließen die Frankfurter mit aufrichtigem Beifall.

Finale ▶ Am 18. Mai 1960 erwarteten 135.000 Zuschauer erwartungsvoll beide Teams zum fünften Finale des Europacups der Landesmeister im Glasgower Hampden Park.

Barcas Torwart Ramallets fängt eine Flanke souverän ab

Eintracht Frankfurt
Loy; Lutz, Höfer; Weilbächer, Eigenbrodt, Stinka; Kress, Lindner, Stein, Pfaff, Meier

Glasgow Rangers
Niven; Caldow, Little; Davis, Paterson, Stevenson; Scott, McMillan, Murray, Millar, Wilson

Alfred Pfaff und Eric Caldow beim obligatorischen Wimpeltausch vor Spielanpfiff

Die Sonne kam durch, als die Mannschaften, angeführt vom schottischen Referee Mowat, das Spielfeld betraten - Real wie immer ganz in Weiß, die Eintracht ganz in Rot mit weißen Ärmeln.

Schon in der ersten Minute sorgte Meier für einen Paukenschlag. Von der Seitenauslinie und aus ziemlich spitzem Winkel drehte er einen Ball so raffiniert auf das Tor der Madrilenen, dass Dominguez trotz seiner Flugkünste keine Chance gehabt hätte, doch das Leder landete nur auf der Querlatte. Die Eintracht agierte konzentriert, Real etwas zerfahren. Das Spiel der Madrilenen lief noch nicht rund, und plötzlich gab es Diskussionen zwischen di Stefano, Puskas und Gento. Nach 18 Minuten setzten die Hessen sogar noch eins drauf: Nach einer herrlichen Kombination zwischen Lindner, Stein und dem in die Mitte gewechselten Kress vollendete dieser an dem herausstürzenden Dominguez vorbei zum 0:1. Nun war aber Schluss mit lustig für di Stefano. Er sprach ein Machtwort, ging mit gutem Beispiel voran und war fortan überall zu finden, vorne, hinten, einfach überall. In der 27. Minute wehrte er eben noch einen Ball in Reals Defensive ab, im nächsten Moment war er schon im Eintracht-Strafraum, um eine Canario-Flanke geistesgegenwärtig einzulochen. Und wenig später zeigte sich, dass Loy nicht seinen besten Tag erwischt hatte. Er wirkte etwas unsicher, ließ drei Minuten nach dem Ausgleich einen Canario-Schuss nur abprallen - und wieder war es der "Blonde Pfeil", der die Situation schneller erfasste als die Frankfurter Abwehr: Die Folge war das 2:1 für Madrid. Jetzt begannen die Real-Stars zu spielen, teilweise auch mit der Eintracht. Di Stefano mag sich an die Anfangszeit seiner Karriere erinnert haben, als man River Plate Buenos Aires auch "la maquina" nannte: Wie ein gut geschmiertes Räderwerk funktionierte Real jetzt. Dominguez lieferte im Verlauf des Spiels im Tor eine Klassepartie ab. Marquitos, Santamaria und Zarraga spielten im hinteren Bereich ihre ganze Routine und Cleverness aus. Und vorne dirigierte di Stefano seinen Sturm, der von Minute zu Minute stärker wurde: Canario, del Sol, Gento und vor allem Puskas kamen immer besser ins Spiel. Die Frankfurter hielten nach Kräften dagegen, konnten aber ihre Chancen, die durchaus vorhanden

1959/60

Die Finalisten aus Frankfurt hinten v.l.: Lindner, Lutz, Höfer, Stein, Pfaff, Meier vorne v.l.: Kreß, Weilbächer, Loy, Stinka, Eigenbrodt

Real Madrid vor dem Finale hinten v. l.: Dominguez, Marquitos, Santamaria, Zarraga, Pachin, Vidal vorne v. l: Canario, del Sol, di Stefano, Puskas, Gento

waren, nicht verwerten. Zu allem Unglück gelang Puskas zum berühmten "psychologisch ungünstigen Zeitpunkt", nämlich in der 45. Minute, nach einem Abwehrfehler das 3:1. Danach pfiff Mowat zur Pause.

Nach dem Seitenwechsel flackerte noch einmal der Widerstand der Hessen auf, aber eine Riesenchance in der 54. Minute konnte nicht genutzt werden. Zwei Minuten später drang Gento in den Hessen-Strafraum ein und wurde etwas weggedrängt, was Mowat veranlasste, sich bei seinem Linienrichter zu erkundigen, der diese Aktion von Lutz für elfmeterreif hielt. Die Frankfurter nahmen die zweifelhafte Entscheidung wie Sportsmänner hin. (Heute würde wahrscheinlich ein mehrminütiger Affentanz stattfinden.) Puskas behielt die Nerven und verwandelte sicher. Damit war die Moral der Frankfurter gebrochen. Schon vier Minuten später brach Gento wieder auf links durch, flankte scharf in den Strafraum, wo Puskas in den Ball hineinsprang und ihn mit dem Kopf ins Netz

1959/60

setzte. Und auch das 6:1 ging auf das Konto von Puskas, der kaum noch zu halten war: In der 71. Minute hämmerte er das Leder mit seinem linken Fuß aus 16 Metern in den Kasten von Loy, der den Ball wohl erst sah, als er ihn aus dem Netz holte. Jetzt ging es zum Vergnügen der 135.000 im Minutentakt weiter. Nur sechzig Sekunden später setzte sich Stein gegen zwei Spanier durch und ließ auch Dominguez keine Chance. Di Stefano antwortete postwendend mit dem 7:2, und in der 75. Minute nutzte noch einmal Stein eine verunglückte Rückgabe der Real-Abwehr zum 7:3. Vier Tore in fünf Minuten! Wann hatte der traditionsreiche Hampden Park so etwas schon einmal gesehen? Di Stefano traf noch einmal den Pfosten, Dominguez vereitelte noch zweimal Großchancen der Frankfurter, ansonsten beschränkte sich Real auf Kabinettstückchen und die Eintracht auf Schadensbegrenzung.

Bei der Siegerehrung überschütteten 135.000 begeisterte Zuschauer natürlich Real, aber auch die Frankfurter mit nicht enden wollendem Beifall. Als die "Königlichen" zur Ehrenrunde ansetzten, stand der ganze Hampden Park, die Eintracht-Spieler bildeten ein Spalier zu Ehren der Madrilenen. Das Endspiel war ein Festival der Offensive gewesen, es hatte kaum Fouls und in der 70. Minute das erste und einzige (!) Abseits gegeben - glücklicherweise gibt es ein BBC-Video von diesem fantastischen Finale. (Dieses Video sollte man vielleicht einmal

Strafraumszene vor dem Real-Tor: v. l.: Perez, Lindner, Dominguez, Weilbächer, Zarraga, Stein, Alonso und Santamaria

1959/60

den 1:0-Königen vorführen, die vor allem in den 80er Jahren in den europäischen Cup-Endspielen Angsthasenfußball praktizierten, oder den heutigen Minimalisten, die sich die Champions-League-Trophäe nach einem müden Taktikgeplänkel im Elfmeterschießen holen müssen.) Die Eintracht hatte den deutschen Fußball hervorragend vertreten und dafür gesorgt, dass die Idee und Faszination des Europacups der Landesmeister in den Herzen und Köpfen der deutschen Fans Raum griff. Und Real hatte zum fünften Mal hintereinander den Cup gewonnen. Dieses Spiel war zweifellos der Glanzpunkt ihrer großartigen und beispiellosen Serie.

Real Madrid
Dominguez; Marquitos, Pachin; Vidal, Santamaria, Zarraga; Canario, del Sol, di Stefano, Puskas, Gento

Eintracht Frankfurt
Loy; Lutz, Höfer; Weilbächer, Eigenbrodt, Stinka; Kress, Lindner, Stein, Pfaff, Meier

Der Eintracht Kapitän Alfred Pfaff mit John Wilson, Präsident der Glasgow Rangers

Portrait
Billy Wright

Geboren am 6. Februar 1924, wuchs Billy Wright im "Black Country" nordwestlich von Birmingham in Mittelengland auf. "Black Country" war Arbeiterland, heute stehen dort sieben Industriemuseen.

Mit 14 Jahren verpflichteten ihn die Wolverhampton Wanderers, drei Jahre später erhielt er einen Profivertrag. Als man ihn 1959 im Alter von 35 Jahren bei den "Wolves" in die Reserve stecken wollte, hängte er kurz entschlossen die Schuhe an den Nagel. Reich war er mit dem Fußball nicht geworden: Mit 10 britischen Pfund begann er, mit 20 Pfund beendete er seine Karriere.

Wright spielte 105-mal in der englischen Nationalmannschaft, davon 90-mal als Kapitän, und verpasste in 13 Jahren von den in diesem Zeitraum ausgetragenen Länderspielen nur drei!

In seine aktive Zeit fielen die goldenen Jahre (1946 - 1954) des englischen Fußballs, als selbst zu Drittligaspielen bis zu 25.000 Zuschauer kamen. Aber es war auch die Zeit der Nackenschläge für das Nationalteam. Bei allen drei Weltmeisterschaften, an denen Wright teilnahm, bekleckerte sich England nicht mit Ruhm: 1950 versetzten ausgerechnet die USA den Engländern den K.o., 1954 scheiterte man im Viertelfinale an Uruguay (2:4) und schied 1958 nach einem 0:1 im Entscheidungsspiel um den 2. Gruppenplatz gegen die UdSSR schon in der Vorrunde aus.

Auch an jenem trüben Novembertag 1953, beim legendären 3:6 gegen Ungarn in Wembley, war Wright mit von der Partie. Dabei musste er gegen Puskas spielen, und die "Times" schrieb tags darauf, Wright habe Ähnlichkeit gehabt mit einem Feuerwehrmann, der immer zum falschen Zeitpunkt am falschen Ort auftaucht. Noch schlimmer kam es im April 1954, als die Engländer im Budapester Nepstadion sogar mit 1:7 gegen die Magyaren die Segel streichen mussten.

Revanchieren konnte sich Wright am 13. Dezember 1954, als sein Verein, mit dem er 1949 Cupsieger und 1954, '58 und '59 englischer Meister wurde, gegen Honved Budapest zur inoffiziellen, von Presse und BBC hochstilisierten "Klubweltmeisterschaft" antrat: Die Wolverhampton Wanderers siegten mit 3:2. (Bekanntlich veranlassten die anschließenden Fanfarenstöße der englischen Presse Gabriel Hanot, seine Europacupidee in den Ring zu werfen.) Für Wright, einen wahren Vollblutprofi, der als Muster an Einsatz galt, das faire Tackling beherrschte und das Fairplay pflegte, war es "die größte Fußballnacht meines Lebens".

Als Billy Wright am 3. September 1994 starb, sagte der Besitzer der Wolverhampton Wanderers, Sir Jack Hayward: "Ganz England trauert um eine seiner größten Fußball-Legenden. Einen Spieler wie ihn wird es nie wieder geben.", und Ferenc Puskas sprach davon, dass er einen "guten Freund" verloren habe.

••• 1960/61

Am 7. Juli 1960 wurden in Paris die Qualifikationspaarungen für den sechsten Wettbewerb ausgelost. Spanien hatte wieder zwei Mannschaften gemeldet: Cup-Verteidiger Real Madrid und Ligameister CF Barcelona. Somit kamen 28 Klubs aus 27 Ländern zum Einsatz, und man konnte die "Qualifikation" eigentlich bereits als erste reguläre Runde des Wettbewerbs bezeichnen, mit der Einschränkung, dass vier Vereine etwas später in das Geschehen eingriffen: Real Madrid war wiederum von der Qualifikation befreit worden, dazu gab es drei Freilose: für den FC Burnley, den Hamburger SV sowie Griechenlands noch nicht feststehenden Meister. Die Pariser Exekutive legte auch die neuen Gebühren für TV-Übertragungen fest: für die Qualifikation 6.000, für Achtel- und Viertelfinale 12.000, ca. 30.000 für das Halbfinale, und für das Finale 60.000.

Wie "üblich" schied Polens Vertreter gleich in der Qualifikation aus. Diesmal traf es Legia Warschau. Die Dänen aus Aarhus waren über beide Spiele gesehen einfach stärker und zogen mit 3:0 und 0:1 verdient ins Achtelfinale ein. Im skandinavischen Duell zwischen IFK Malmö und Helsingfors IFK, dem Klub des Schwedisch sprechenden Bevölkerungsteils Helsinkis, siegten die "richtigen" Schweden mit 3:1 und 2:1. Und noch ein dritter Verein aus dem hohen Norden kam eine Runde weiter: Norwegens Meister Fredrikstad warf zur allgemeinen Überraschung mit einem 4:3-Heimsieg und einem 0:0 in den Niederlanden Ajax Amsterdam aus dem Rennen. Das lag wohl auch daran, dass das holländische Brüder- und Stürmerpaar Groot nicht in Form war.

In der Schweizer Nationalliga hatte Albert Sing mit seinen Young Boys mittlerweile den vierten Titel in Folge geholt. Die Berner hatten auch keinerlei Mühe, den FC Limerick aus Irland mit 5:0 und 4:2 auszuschalten. Noch souveräner machte es Stade de Reims. Die Franzosen ließen nicht zu, dass Jeunesse Esch eine ähnliche Sensation gelang wie im Vorjahr, und zeigten den Luxemburgern mit 6:1 und 5:0 deutlich, wer Herr im Hause war.

Geni Meier von den Young Boys Bern war für seine Mannschaft die Schlüsselfigur im Mittelfeld

1960/61

Ivan Kolev von CDNA Sofia war einer der Stars des Teams

Juventus Turin vertrat zum zweiten Mal Italien, und diesmal wollten es die Männer aus Piemont gegen CDNA Sofia besser machen als zwei Jahre zuvor gegen den Wiener SC. Wieder erzielte man einen Zwei-Tore-Vorsprung in Turin - und wieder reichte es nicht. Der Gegner hatte, nach Real Madrid, die meisten Europacuperfahrungen. Der Armeeklub war 1948 aus verschiedenen Bezirksmannschaften Sofias gegründet worden, hatte zwar noch nicht die Popularität von Levski erreicht, war aber mittlerweile zum führenden Klub Bulgariens geworden. Torwart Najdenov, Läufer Kovachev und vor allem der Stratege Kolev waren die treibenden Kräfte bei CDNA. Kolev führte sein Team in einem dramatischen Match zum 4:1 über Juve, dessen zweites Europacupengagement somit ebenfalls bereits in der ersten Runde endete.

Rapid Wien war wieder zurück im Cup. Sie konnten den Ansturm der Türken auf Wien stoppen, indem sie Besiktas mit 4:0 besiegten. Istanbul revanchierte sich im Rückspiel mit 1:0, was die Österreicher aber nicht mehr gefährdete.

Ujpest Budapest setzte die Tradition der ungarisch-jugoslawischen Begegnungen fort: Immer, wenn es um etwas ging, gewannen die Ungarn. So auch diesmal: Ujpest schaltete Roter Stern Belgrad aus (3:0 und 2:1).

Zum Spaziergang wurde die Qualifikation für den vorjährigen Semifinalisten CF Barcelona gegen Belgiens Überraschungsmeister Lierse SK (3:0 und 2:0). Trainer Herrera war nicht mehr da, was für die Ungarn Czibor und Kocsis sowie den Weltenbummler Kubala die Rückkehr ins Team bedeutete.

Da Wismut Aue von den britischen Behörden die Sichtvermerke in den Pässen verweigert wurden (die "Hallstein-Doktrin" grüßte freundlich aus der BR Deutschland), bot die UEFA dem Glenavon FC an, sein "Heimspiel" in einem anderen europäischen Land auszutragen. Das war den Iren zu aufwändig, so dass sie ganz verzichteten und damit für die Erzgebirgler den Weg ins Achtelfinale frei machten.

Ebenfalls kampflos kam Spartak Trnava eine Runde weiter. Der Armeeklub Bukarest befürchtete aufgrund der schlechten Form seines Teams ein Debakel und trat gegen

1960/61

den tschechoslowakischen Meister nicht an.

Die Art und Weise, wie die Rangers im letzten Halbfinale gegen Eintracht Frankfurt ausgeschieden waren, hatte die Fans in Schottland sensibilisiert. So kam es, dass zum Spiel der Hearts of Midlothian aus Edinburgh gegen den vermeintlich Außenseiter von Benfica Lissabon 40.000 Zuschauer kamen. Sie staunten nicht schlecht, als sie diese Portugiesen sahen, die relativ sicher mit 2:1 gewannen und diesen Erfolg mit 3:0 in Lissabon nachhaltig bestätigten. Damit war die Qualifikationsrunde abgeschlossen.

Achtelfinale ▶ Im Achtelfinale bekam es Ujpest Budapest mit Benfica Lissabon zu tun, und die Magyaren gingen zuversichtlich in die erste Partie. Immerhin hatte man in der ersten Runde Roter Stern Belgrad ausgeschaltet, das bei den Ungarn einen besseren Ruf genoss als Benfica. Die Stimmung, die die 50.000 in Lissabon schon vor dem Anpfiff entfachten, störte Ujpest ebenso wenig wie die Tatsache, dass Bela Guttmann, der Trainer der Portugiesen, den ungarischen Fußball bestens kannte: Er war in den 20er Jahren Profi beim ruhmreichen MTK gewesen. Noch keine Minute war gespielt, da donnerte Cavem den Ball zum ersten Mal ins Tor von Ujpest. "Zufall!", dachten die Magyaren. Doch als es nach fünf Minuten 2:0 hieß, nach elf 3:0, nur weitere sechs Minuten später bereits 4:0 und nach einer halben Stunde 5:0, dämmerte den Budapestern, was hier los war – sie standen einer Klassemannschaft gegenüber. Spielmacher Göröcs nahm die Zügel jetzt in die Hand. Nach der Pause setzte Ujpest zum Gegenangriff an und verkürzte bis eine Viertelstunde vor Schluss auf 2:5. Das wäre vielleicht in Budapest noch aufzuholen gewesen, aber in der 87. Minute schlug Augusto noch einmal zu – Endstand 6:2.

Zum Rückspiel konnte Guttmann nicht mitreisen, gab aber seinen Spielern noch den Tipp, sich in Budapest ja nicht zu verstecken, sondern den Ungarn offensiv zu begegnen. Das taten diese auch, führten zur Pause mit 1:0, und trotz Göröcs' großartiger Regie reichte es für Ujpest am Ende nur zu einem 2:1. Die Sensation war perfekt, aber so richtig für voll nahm man diese Mannschaft vom Tejo in Europa noch nicht.

Janos Göröcs war der Spielmacher der Budapester. Aber trotz seines starken Einsatzes konnten die Ungarn nicht gegen Benfica gewinnen

● **Benfica Lissabon**
Costa Pereira; Angelo, Cruz; Neto, Santos, Saraiva; Jose Augusto, Santana, Aguas, Coluna, Cavem

● **Ujpest Budapest**
Török; Sovari, Györvari; Szini, Varhidi, Borsanyi; Jagodics, Göröcs, Szusza, Pataki, Bencsis

3:1 besiegte Rapid Wien die Mannschaft von Wismut Aue, was die Elf aus der DDR im Rückspiel mit einem 2:0 ausgleichen konnte. Damit hielten Rapid und Wismut den Rekord, was 3. Spiele im Europacup anging: Die Wiener mussten zum dritten Mal in die "Verlängerung", die Erzgebirgler gar zum vierten Mal. In Basel waren die Hütteldorfer nicht besser, aber cleverer und gewannen 1:0. Doch Wismut Aue gefiel dem Schweizer Publikum, vor allem Läufer Kaiser und der junge Stürmer Erler vermochten zu überzeugen.

Der Parc des Princes war ausverkauft, als sich der englische Meister FC Burnley dort vorstellte. Für Stade de Reims, das ohne seinen Star Kopa antreten musste, galt es, eine 0:2-Niederlage aus dem Hinspiel aufzuholen. Doch in der 33. Minute leitete McIllroy den Ball zu Pilkington, der die Führung für Burnley markierte. Dieser Vorsprung von insgesamt drei Toren müsste eigentlich reichen, dachten die Briten. Reims gab sich aber noch nicht auf, drängte Burnley in der zweiten Halbzeit immer weiter zurück und schaffte Ausgleich und Führung durch Verteidiger Rodzik. Zwar konnten die Briten nur eine Minute später ausgleichen, doch in der 75. Minute gelang erneut Rodzik mit einem Gewaltschuss das 3:2. Noch ein Tor und der Gleichstand wäre erreicht. Das Publikum feuerte sein Team unaufhörlich an. Reims stürmte mit allen Mann, Burnley bildete mit allen Mann eine lebende Mauer um seinen Strafraum. Die Mauer hielt stand. Burnley war im Viertelfinale.

Trotz konisch zugespitzter Stollen, die der deutsche Schiedsrichter Kandlbinder zu beanstanden hatte, verlor der Juve-Bezwinger CDNA Sofia beim IFK Malmö mit 0:1, was alledings in Sofia keine unnötige Aufregung erzeugte. Aber der schwedische Abwehrriegel war für die Bulgaren beim Rückspiel kaum zu knacken, und mehr als ein 1:1 sprang für den Armeeklub nicht heraus. Dies war eine Überraschung.

Ein ebensolcher Coup gelang dem tschechoslowakischen Vertreter. In Trnava gewann Spartak mit 1:0 gegen Panathinaikos Athen, so dass den Slowaken das torlose Unentschieden in Griechenland zum Weiterkommen reichte. Und auch der Viertelfinal-Einzug von Aarhus GF kam unerwartet und für die Dänen wohl selbst etwas überraschend. Vielleicht lag es auch am Gegner aus

1960/61

Fredrikstad, das mit 3:0 und 1:0 zweimal besiegt werden konnte.

Anfang Oktober 1960 war in einem Genfer Hotel die Auslosung für das Achtelfinale vorgenommen worden. Als Mademoiselle Monique Vero das erste Los gezogen und Monsieur Jose Crahay, Präsident des Organisationskomitees, den Namen vorgelesen hatte ("Real Madrid!"), war die Spannung im Saal spürbar gestiegen, und kurz darauf hatte der Knüller des diesjährigen Wettbewerbs festgestanden: Real Madrid gegen den CF Barcelona!

Noch im April des Jahres hatten beide Teams um den Einzug ins Finale von Glasgow gekämpft. Dabei war Real als Sieger hervorgegangen. Nun kam es bereits im Achtelfinale zur Revanche. Das Hinspiel am 9. November in Madrid sah lange Zeit Real als Gewinner. Die "Königlichen" führten bis zur 88. Minute mit 2:1. Da wurde Evaristo von Ersatztorhüter Vicente im Strafraum gefoult - Elfmeter. Suarez behielt die Nerven und verwandelte für Barca zum 2:2-Endstand. Nun lief Real ernstlich Gefahr, zum ersten Mal in der Europacupgeschichte nicht in das Finale zu gelangen. Am 23. November kam es zur Entscheidung im Nou Camp.

Real kam gut ins Spiel und erzwang schnell zwei Eckbälle, die aber nichts einbrachten. Nach zwölf Minuten schoss Evaristo ein Tor für Barca, aber Referee Leafe pfiff Abseits. In der Folgezeit trafen Barcas Villaverde und Reals Gento jeweils die Latte, und ein Treffer für Madrid durch del Sol wurde nicht anerkannt. In der 33. Minute gab dann Kubala einen Eckball in den Strafraum, Verges schoss und Pachin lenkte den Ball ins eigene Netz: 1:0 für CF Barcelona zur Pause. Im zweiten Spielabschnitt erzielte Real zwei weitere Abseitstore (66. und 77. Minute), doch im Mittelfeld regierte eindeutig Kubala für Barcelona. Ein Flugkopfball Evaristos besiegelte schließlich in der 82. Minute das Schicksal der Madrilenen, für die Canario in der 87. Minute lediglich noch den Anschluss zum 1:2-Endergebnis erzielen konnte. Die "Alten" hatten auf beiden Seiten das Spiel dirigiert: Kubala für Barca, di Stefano für Real. Und der 37-

Enrique Perez Duaz war der Pechvogel im Match Real gegen Barca. In der 33. Minute schoss er ins eigene Tor und brachte damit die Katalanen 1:0 in Führung

1960/61

jährige Ramallets im Tor von Barcelona erschien an diesem Tag nahezu unüberwindbar. Es war ein großer Tag für Barca und auch für das katalanische Volk, das von der zentralistischen Franco-Diktatur in Madrid in seiner politischen und kulturellen Entwicklung und Entfaltung gehindert wurde. Massive Unterdrückung war die Politik Francos gegenüber politisch Andersdenkenden und nach Selbstbestimmung strebenden Volksgruppen wie Basken, Galiziern oder Katalanen.

Zurück zum Sport. Der erste Gegner des deutschen Meisters Hamburger SV hieß Young Boys Bern. Ein gutes Omen, denn im Vorjahr war YB für die Frankfurter Eintracht der Ausgangspunkt für ihren Siegeszug über Europas Fußballfelder gewesen. Aber auch die Young Boys mussten erst einmal bezwungen werden. 48.000 empfingen den HSV in Bern. Die Schweizer hatten im Verlauf der Begegnung ebenso viele Chancen wie die Hamburger - der Unterschied lag an diesem Abend vor allem bei den Torhütern. Der Berner Eich ließ drei "Haltbare" passieren, während HSV-Keeper Schnoor drei "Unhaltbare" bravourös parierte. Das Verständnis von Werner, Seeler, Stürmer und Dörfel drückte dem Spiel letztendlich den Stempel auf, und die Hamburger nutzten ihre Chancen konsequent. Am Ende stand es 5:0 für den HSV in Wankdorf! Berns Trainer Sing setzte im Rückspiel alles auf eine Karte und ließ offensiv spielen. Eich war diesmal in Hochform und hielt u.a. in der 47. Minute einen Elfmeter von Dörfel. Nach 50 Minuten führte YB mit 3:1! Jetzt rissen sich die Männer vom Rothenbaum noch einmal zusammen und erwirkten wenigstens noch ein 3:3-Unentschieden. Der HSV war unter den letzten Acht.

◄ Viertelfinale

Die Elf von Spartak Trnava, die im Viertelfinale vor 80.000 Zuschauern in Barcelona antreten musste, war überaltert und hatte keine Chance. Vor dem Spiel wurde Luis Suarez von "France Football" als Europäischer Fußballer des Jahres geehrt. Barcelona machte es gnädig und schickte Trnava "nur" mit 4:0 nach Hause. Die Begegnung wurde via TV auch in die CSSR übertragen, wo Kubalas Mutter ihren Sohn

Der Hamburger Uwe Seeler im Dress der Nationalmannschaft

1960/61

nach über zehn Jahren zumindest über den Bildschirm huschen sah. Kubala und Kocsis fuhren nicht mit nach Prag, wohin das Spiel verlegt worden war, um die Zuschauermassen aufnehmen zu können. Ihre Anwesenheit war auch nicht erforderlich, es reichte auch so zum 1:1 und zum Einzug ins Halbfinale. Dorthin gelangte auch Rapid Wien, das sich in zwei niveauarmen und unspektakulären Spielen mit jeweils 2:0 gegen IFK Malmö durchsetzte.

In Lissabon grassierte plötzlich das Europacupfieber. Aarhus GF? Das müsste doch zu packen sein. 65.000 drängten sich ins Stadion. Es lief sehr schleppend für Benfica. Die Dänen hielten sich nicht schlecht, und am Ende stand es mit Mühe und Not 3:1. Bei den Dänen keimte so etwas wie Hoffnung auf. Ein Zwei-Tore-Rückstand wäre vielleicht noch aufzuholen, zumal der Winter in Dänemark regierte und die Portugiesen darüber nicht sehr erfreut waren. Aber Benfica spielte besser als zu Hause und gewann souverän mit 4:1.

▶ Halbfinale

In Burnley kamen 42.000 Zuschauer, um den HSV sehen. Schon nach sieben Minuten gingen die Briten in Führung, was sie aber etwas zu sicher machte, so dass die Hanseaten aufkamen und den englischen Meister in Bedrängnis brachten. Aber nur 20 Minuten lang - dann nahm Burnley das Heft wieder in die Hand und beherrschte die Hamburger über die restliche Spielzeit. Nach dem 0:3 packten die mitgereisten HSV-Fans ihre Fähnchen ein. Die Briten drosselten das Tempo etwas, was Dörfel wenigstens noch zum 1:3 nutzen konnte. Das Rückspiel versetzte ganz Fußball-Deutschland in einen Fieberzustand. Überall beschworen Arbeiter und Angestellte ihre Chefs, am Spieltag früher Feierabend machen zu können, um das Spektakel live am Bildschirm erleben zu können. Auf der Kieler Werft kam es darüber sogar zum Streik. Viele verließen auch ohne Zustimmung des Arbeitgebers vorzeitig ihren Arbeitsplatz, und 77.000 Fans strömten ins Volksparkstadion. Der HSV drehte sofort auf und erzielte nach acht Minuten durch Stürmer das 1:0. Burnley spielte sehr defensiv, zumal Regisseur McIllroy von Werner "verhaftet" wurde. Kurz vor der Pause drehte Stürmer einen Eckball so präzise auf den Kopf von Seeler, dass "Uns Uwe" nur noch verwandeln musste. 2:0 zur Halbzeit. Als Harris in der 55. Minute auf

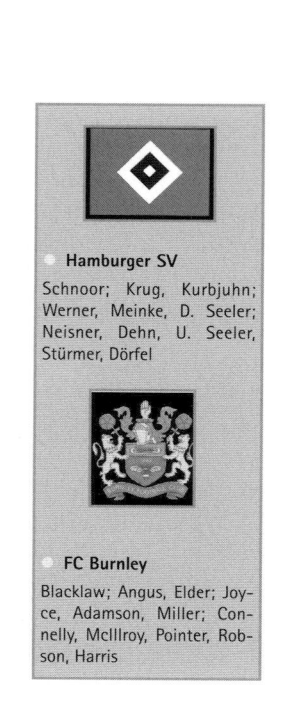

Hamburger SV

Schnoor; Krug, Kurbjuhn; Werner, Meinke, D. Seeler; Neisner, Dehn, U. Seeler, Stürmer, Dörfel

FC Burnley

Blacklaw; Angus, Elder; Joyce, Adamson, Miller; Connelly, McIllroy, Pointer, Robson, Harris

Jose Aguas, Torschütze von Benfica zum 2:0

1:2 verkürzte, sahen viele die Felle der Hamburger bereits davonschwimmen. Aber der HSV bewies Moral, und Dörfel erhöhte schon eine Minute später zum 3:1. Kurz darauf zog Seeler davon und bezwang Blacklaw zum entscheidenden 4:1. Es blieben noch 30 qualvolle Minuten für Spieler und Fans. Einmal traf Burnley noch den Pfosten, dann war Schluss. Die Hanseaten feierten südländisch, und auch die britische Presse erkannte die tolle Leistung des HSV an.

70.000 erwarteten in Lissabon Rapid Wien zum Halbfinale. Die Wiener, gewarnt durch Ujpests 2:6, drängten sich oftmals mit sieben Mann in der Defensive. Eine Viertelstunde hielt die Verteidigung, dann erzielte Coluna das 1:0. Bereits zehn Minuten später gelang Aguas das 2:0, und in der 60. Minute erzielte Cavem den dritten Treffer für Benfica. Bela Guttmann, selbst in den 30er Jahren Spieler bei dem jüdischen Klub Hakoah Wien, hatte etwas Sorge, dass die bekannte Begeisterungsfähigkeit des Wiener Publikums Rapid doch noch zu einer Sensation treiben könnte. In Wien hatte man tatsächlich die Hoffnung noch nicht aufgegeben. Besonders die Presse veröffentlichte flammende Appelle an die Spieler. So war es nicht verwunderlich, dass die Stimmung im Praterstadion schon nach wenigen Minuten einem Hexenkessel glich. Das Publikum sei "wie von Sinnen" gewesen, wie ein Zeitzeuge berichtet. Die Partie selbst war überhastet und nervös. Lissabon spielte nur auf Halten, kam aber in der 66. Minute durch Aguas trotzdem zum 1:0, das Skocik aber fünf Minuten später ausgleichen konnte. Die Wiener verpassten manche Chance und ließen ihrem Frust in Form von Fouls freien Lauf. Als sich Referee Leafe zwei Minuten vor dem Ende nach einer Schwalbe von Dienst nicht veranlasst sah, einen Elfmeter zu verhängen, kam es zum Eklat. Die Spieler protestierten, die Volksseele kochte und der Mob stürmte den Rasen: Leafe und den Portugiesen drohte Lynchjustiz. Die Polizei konnte dies verhindern und Schiedsrichter und Spieler schützen - nach zwei Stunden konnten sie die Katakomben des Praterstadions verlassen. So hatte sich Guttmann die Rückkehr in "sein" Wien

1960/61

nicht vorgestellt. Es war ein schwarzer Tag für den Wiener Fußball, doch trotz der Vorkommnisse kannte der Jubel in Lissabon keine Grenzen. Der Nobody war im Endspiel.

Am 12. April 1961 trat der HSV in Barcelona an. Torwart Schnoor schien an diesem Abend tausend Hände zu haben, und in der 13. Minute ließ Dörfel eine "Bombe" auf das Tor von Ramallets los - knapp vorbei. Zur Pause stand es überraschend noch 0:0, doch gleich nach Wiederanpfiff verlor Dieter Seeler den Ball an Evaristo, der nicht zögerte und das 1:0 für Barca erzielte. In der Folgezeit vollbrachte Schnoor eine Glanztat nach der nächsten und rettete seinem Team die knappe Niederlage, was den HSV als moralischen Sieger vom Platz gehen ließ. Zum Rückspiel war das Volksparkstadion ausverkauft - 80.000 Fans bevölkerten die Ränge.

In der ersten Halbzeit agierte der HSV einfach zu oft mit hoch geschlagenen Bällen, was die Kopfballspezialisten aus Katalonien nicht beeindrucken konnte. Mit 0:0 ging es in die Kabinen, und wie beim Hinspiel nahm unmittelbar nach der Pause Barca das Heft in die Hand. Das gipfelte darin, dass in der 54. Minute Succo völlig freistehend den Ball über das Tor jagte. Aber schon vier Minuten später war der HSV wieder da: Freistoßmöglichkeit aus 18 Metern, und Wulf ließ Ramallets keine Chance. Jetzt waren die Hamburger in Fahrt. Nach 67 Minuten bekam Uwe Seeler auf halbrechter Position den Ball, fand keinen Mitspieler und entschloss sich zum Alleingang. Er brauste an Verges vorbei und schoss aus relativ spitzem Winkel von der Strafraumgrenze aus zum 2:0 ein - für den orientierungslosen Ramallets kam der Ball völlig überraschend. Das Stadion tobte. Der HSV beherrschte das Spiel - das musste der Finaleinzug sein. In der 90. Minute spielten sich kurz hinter der Mittellinie Seeler und Dörfel den Ball hin und her, etwas provokativ. Die Katalanen gingen dazwischen, Suarez zog auf Rechtsaußen davon, flankte mit dem Mut der Verzweiflung einfach mal in den Strafraum, und da

Der HSV vor dem entscheidenen Spiel in Brüssel
v. l: Neisner, Dörfel, U.Seeler, Krug, Stürmer, Dehn, Wulf, Kurbjuhn, Werner, Schnoor

preschte aus dem Hinterhalt der Mann heran, den sie "Goldköpfchen" nannten, weil er der vielleicht beste Kopfballspieler aller Zeiten war: Sandor Kocsis - 2:1 und drittes Spiel. Lähmendes Entsetzen im Volksparkstadion.

Und dieses Tor hatte seine psychologische Wirkung nicht verfehlt. In der dritten Partie in Brüssel war Barca einfach die bessere Mannschaft und zog mit einem 1:0 ins Finale ein. Der Torschütze war Evaristo in der 43. Minute, kurz vor dem Schlusspfiff semmelte Charly Dörfel den Ball aus drei Metern über das Tor.

Das diesjährige Finale fand im Berner Wankdorfstadion statt. Eindeutiger Favorit war der CF Barcelona. Wohl auch aufgrund dieser Ausgangslage kamen die Schweizer nicht. Nur 30.000 Interessierte, unter ihnen jeweils 2.000 Fans aus Spanien und Portugal, verloren sich fast in der 65.000 Zuschauer fassenden Arena.

◀ Finale

Schiedsrichter Dienst aus der Schweiz führte beide Teams auf das Feld: Lissabon in Rot-Weiß, Barcelona in Blau-Rot, in "granablu". Die Katalanen nahmen das Heft sofort in die Hand, Suarez dirigierte und schon nach acht Minuten scheiterte Evaristo - an seiner Eigensinnigkeit. Zu diesem Zeitpunkt wurde Coluna schon am Spielfeldrand behandelt. Er kam zwar wieder, doch später stellte sich heraus, dass er über 80 Minuten mit gebrochenem Nasenbein gespielt hatte. Die Portugiesen waren nervös, wirkten gelähmt. Die Spanier schienen fast Mitleid mit ihrem kleinen iberischen Bruder zu haben. Erst nach 20 Minuten nutzten sie eine der Chancen, die sie zuvor fast aufreizend leichtfertig vergeben hatten. Es war ein Tor wie auf dem Reißbrett: Suarez - Czibor - Kopfball Kocsis - 1:0.

Wer nun geglaubt hatte, Benfica würde gänzlich den Kopf verlieren, sollte sich täuschen. Coluna trieb jetzt Angriff auf Angriff nach vorne, Augusto war brandgefährlich. Das Spiel kippte. In der 30. Minute stürmte Cavem durch, lockte Ramallets aus dem Kasten und passte dann quer zu Aguas, der mühelos den Ausgleich markierte. Keine zwei Minuten später feuerte Augusto einen fulminanten Schuss aus 25 Metern ab, der Ball wurde abgefälscht und konnte von Ramallets erst hinter der Linie aus dem Tor geboxt werden. 2:1 für Benfica zur Halbzeit.

Die Portugiesen wurden nach der Pause immer ruhiger

1960/61

Die Finalisten aus Barcelona v.l: Ramallets, Garcia, Garay, Foncho, Suarez, Gensana, Verges, Kubala, Czibor, Koscsis, Evarito

Benfica Lissabon vor dem Finale v. l.: Pereira, Coluna, Neto, Germano, Jose Augusto, Angelo, Joao, Santana, Cruz, Cavem, Aguas

und selbstsicherer. Aus der Überheblichkeit Barcas war Unsicherheit geworden, und die Kommunikation innerhalb der Mannschaft stimmte nicht. Kubala schickte Suarez auf den rechten Flügel und dirigierte das Spiel meisterhaft von der Mitte aus. Aber warum spielte er immer nur seine Landsleute Czibor und Kocsis an? Und was muss in den Köpfen dieser beiden vorgegangen sein? Sieben Jahre zuvor hatten sie an gleicher Stelle mit Ungarn gegen den krassen Außenseiter BR Deutschland das WM-Finale verloren. Und nun? Konnte sich Fußballgeschichte wiederholen? Es hatte den Anschein, denn in der 55. Minute jagte Coluna eine Cavem-Flanke volley zum 3:1 ins Netz. In Kubala entbrannte nun eine "heilige Spielwut". Trotz seiner 34 Jahre zauberte er. Wahre Kombinationsteppiche legte Barca unter seiner Regie auf den Rasen. Aber an diesem Tag hatten sie kein Glück - es war anscheinend schon in Hamburg verbraucht worden. Dreimal trafen sie nur den Pfosten, ein-

1960/61

Benfica Lissabon
Costa Pereira; Joao, Angelo; Neto, Germano, Cruz, Augusto, Santana, Aguas, Coluna, Cavem

CF Barcelona
Ramallets; Foncho, Gracia; Verges, Gensana, Garay, Kubala, Kocsis, Evaristo, Suarez, Czibor

mal flitzte der Ball nach einem Schuss Kubalas wie eine Billardkugel von einem Innenpfosten entlang der Torlinie an den anderen Innenpfosten und von dort wieder aus dem Tor heraus. Ein Fernschuss Czibors in der 79. Minute bedeutete das 2:3, und es folgte Eckball auf Eckball für die Katalanen, aber Benficas Keeper Pereira und Stopper Germano waren nicht mehr zu bezwingen.

Für Barca brach eine Fußballwelt zusammen.

Die Experten waren sich einig: Die bessere Mannschaft hatte gegen die besseren Solisten gewonnen. Noch wusste man nicht, ob dieser Titelgewinn Benficas nur eine Eintagsfliege des portugiesischen Fußballs war, der bis dahin in Europa nur eine Nebenrolle innehatte. Eine Sensation war es allemal und ebenso ein insgesamt verdienter Erfolg für Benfica Lissabon.

Benfica-Trainere Bela Guttmann nach dem Europacupfinale

Portrait
Ladislao Kubala

Es gibt nicht wenige, die der Auffassung sind, dass er bis heute der Größte war, der je im Trikot Barcelonas aufgelaufen ist. Und wenn man sich auch nur einige Namen in Erinnerung ruft, deren Träger bis heute in das Nou Camp eingelaufen sind, ist das bereits eine Leistung: Kocsis, Czibor, Evaristo, Suarez, Cruyff, Maradona, Schuster, Rivaldo...

Geboren wurde er am 10. Juni 1927 als Ladislav Kubala in Budapest. Ein Slowake polnischer Abstammung, geboren in Budapest - fast könnte man meinen, er sei schon als Globetrotter auf die Welt gekommen. Das Fußballspielen lernte er wie Puskas, Bozsik oder Kocsis auf den Straßen Budapests und spielte von 1938-44 beim Werksklub Ganz Torna Egylet. Von 1945-46 war er für Ferencvaros Budapest am Ball, ehe es ihn in die Slowakei zum SK Bratislava verschlug, wo er bis 1948 tätig war. Am 27. Oktober 1946, gerade einmal 19 Jahre jung, absolvierte er sein erstes Länderspiel für die CSR. Bis zum 14. Dezember 1947 wurden es deren sechs, in denen er vier Tore erzielte. 1948 kehrte er wieder nach Ungarn zurück. Mit Vasas Budapest gewann er in diesem Jahr die Vizemeisterschaft, was ihm mit Ferencvaros schon 1945 und 1946 gelungen war. Zudem wurde er 1946 mit dem Klub aus der "Franzenstadt" ungarischer Pokalsieger. Zwischen dem 23. Mai und dem 7. November 1948 trat er dreimal für international für die Magyaren gegen den Ball, ehe er sich wie etliche Spitzenspieler aus Ungarn absetzte. Ihr Ziel war Italien, wo 1943 schon der große "Spezi" Schaffer mit dem AS Rom italienischer Meister geworden war. Schaffer war selbst ein ganz großer Fußballer beim MTK und Trainer der ungarischen Nationalmannschaft gewesen, die 1938 Vizeweltmeister geworden war. Aus dieser Mannschaft emigrierten Dr. Sarosi und Zsengeller nach Italien. Jüngere (wie Sarosis Bruder) folgten nach, ebenso "Mike" Mayer, die im Elsass geborenen staatenlosen Gebrüder Nyers und eben Kubala. Der wollte eigentlich für den Traditionsklub Pro Patria spielen, aber die FIFA verhängte eine Sperre, so dass er mit Hungaria, einer ungarischen Emigrantenmannschaft durch halb Europa tingelte. Während einer solchen Tour durch Spanien entdeckte ihn Josef Samitier, der damalige Trainer von Barca, und verpflichtete ihn sogleich. Aber es gab bürokratische Hindernisse. Am 12. Oktober 1950 konnte er beim 4:0-Sieg über Osasuna nur ein inoffizielles Debüt bei Barca ablegen. Barcelona wollte ihn unbedingt halten und offerierte ihm das Angebot, sich zum Spanier naturalisieren zu lassen. Am 29. April 1951 feierte er im Pokalspiel gegen Sevilla (2:0) dann endlich mit Genehmigung der FIFA seinen offiziellen Einstand bei den Katalanen. Kubala wurde aufgrund des Fußballzaubers, den er zelebrierte, schnell zum Liebling der Massen im alten Barca-Stadion Les Corts. Immer mehr Fans strömten in die Arena, um diesen Magier zu sehen. Aufgrund dieses Aufschwungs in der Zuschauergunst und der Tatsache, dass Santiago Bernabeu in Madrid sein Riesenprojekt "Stadionbau" verwirklicht hatte, ging man auch in Barcelona

1960/61

daran, ein neues, größeres Stadion zu bauen. So entstand das gigantische Nou Camp.

Kubala war ein kompletter Fußballer und führte einen neuen Stil ein, den man so in der spanischen Primera Division noch nie gesehen hatte. Physisch enorm stark und mit einem gewaltigen Schuss ausgestattet, war er u.a. ein Spezialist für ruhende Bälle. Er war mitentscheidend dafür verantwortlich, dass Barca in der Saison `51/52 das legendäre Jahr der "Fünf Trophäen" feiern konnte: Spanischer Meister und Pokalsieger, Eva-Duarte-Pokal, Juan-Gamper-Cup und Latincup. Wahrscheinlich wäre die Dominanz Barcelonas in Spanien auf Jahre hinaus nicht zu brechen gewesen, wenn 1953 das Franco-Regime nicht massiv zu Gunsten von Real Madrid in den Hickhack um die Verpflichtung di Stefanos eingegriffen hätte. Kubala und di Stefano, die sich laut Aussage von "Don Alfredo" im Übrigen menschlich durchaus gut verstanden haben, wären höchstwahrscheinlich ein echtes "duo infernale" geworden. Aber es kam eben anders.

Kubala war ein Weltklassefußballer, liebte aber auch die angenehmen Seiten des Lebens und scheint sehr spendabel gewesen zu sein. Einer Anekdote di Stefanos zufolge stand nach einem Länderspiel der spanischen Nationalmannschaft in Paris ein "Zug durch die Gemeinde" an, der in einer Bar endete, wo sich bereits einige Landsleute Kubalas aufhielten. Di Stefano musste ihm schließlich seine sehr teure Uhr wiederbeschaffen, die er bereits verschenkt hatte. Mit dem Sklaventreiber Herrera gab es für Kubala einigen Ärger, der meistens damit endete, dass er nicht nominiert wurde. Aber beim Europacupendspiel 1961 war er mit dabei und lieferte eine großartige Partie ab, die allerdings nicht von Erfolg gekrönt wurde. Unstimmigkeiten führten dazu, dass er von 1961 bis '64 ohne Verein war. 1964 schnürte er wieder die Fußballstiefel - als Spielertrainer beim Lokalrivalen Español Barcelona, dem sich in diesem Jahr auch Alfredo di Stefano anschloss - aus Verärgerung über seine gleichfalls erfolgte Ausmusterung bei Real. Zwei gemeinsame späte Jahre verbrachten sie bei Español. Später verschlug es Kubala als Spielertrainer u.a. zum FC Zürich und nach Toronto, bei der WM 1978 in Argentinien war er der Coach des spanischen Nationalteams

Ladislao Kubala war Lebens- und Fußballkünstler in einem. Er war einer der Besten, die man auf Europas Fußballfeldern sehen konnte. Davon zeugt auch seine Berufung in die so genannte "Welt-Auswahl" (eigentlich eine Europa-Auswahl), die 1953 zum 90-jährigen Jubiläum des englischen Fußballverbandes nach Wembley eingeladen wurde. Nur mit Mühe erreichte "Glory Old England" ein 4:4. (Interessant im Übrigen die Aufstellung: Zeman [Rapid Wien] / 2. Halbzeit Beara [Roter Stern Belgrad]; Navarro [Real Madrid], Hanappi [Rapid Wien]; Ocwirk [Austria Wien], Posipal [HSV], Cajkovski [Partizan Belgrad]; Kubala [CF Barcelona], Boniperti [Juventus Turin], Nordahl [AC Mailand], Vukas [Partizan Belgrad], Zebec [Partizan Belgrad].)

Galt das Unentschieden noch als Überraschung, so wurden die Engländer von der ungarischen Wunderelf beim 3:6 endgültig auseinander genommen. Nicht auszudenken, wenn Kubala in Ungarn geblieben und Mitglied dieses Teams gewesen wäre - neben Kocsis, Bozsik, Czibor, Hidegkuti und Puskas.

••• 1961/62

Benfica Lissabon als Cupverteidiger und Haka Valkeakoski aus Finnland erhielten Freilose für die Qualifikation, in der Servette Genf den Maltesern von Hibernian La Valetta keine Chance ließ und die Insulaner zweimal bezwang (5:0 und 2:1). In einem großartigen Match trennten sich der Armeeklub Sofia und Dukla Prag in Sofia mit 4:4, zu Hause gelang den Tschechen ein knapper 2:1-Erfolg. Überraschend stark präsentierte sich der Vertreter der Niederlande: Feyenoord Rotterdam machte dem schwedischen Vertreter IFK Göteborg die Hölle heiß. 3:0 gewannen sie schon in Schweden und gaben den "Wikingern" beim Rückspiel im Kuip mit 8:2 (!) den Rest. Polens Meister Gornik Zabrze gelang zu Hause ein überraschendes 4:2 über Englands Titelträger Tottenham Hotspur. Aber in London rupfte der "britische Löwe" die "polnische Gans" mit 8:1. Trotzdem, dies war der Anfang einer großen Zeit für Gornik Zabrze.

Neben Benfica ging Sporting Lissabon als zweites portugiesisches Team an den Start und traf bei seinem zweiten Europacupengagement wie beim ersten Mal 1955 auf Partizan Belgrad. Und auch diesmal gingen die Portugiesen als Verlierer vom Platz. Reichte es in Lissabon noch zu einem 1:1, verlor Sporting in Belgrad mit 0:2.

Juventus Turin hatte beim 1:1 und 2:1 gegen Panathinaikos Athen seine liebe Mühe und Not, schaffte es aber immerhin, dieses Jahr die erste Runde zu überstehen. Weniger bis gar keine Probleme hatte Odense BK, das mit Spora Luxemburg kurzen Prozess machte: 6:0 und 9:2 hieß es am Ende.

Fredrikstad FK aus Norwegen hinterließ einen guten Eindruck gegen Standard Lüttich, musste letztlich aber doch die Überlegenheit der Wallonen anerkennen und mit 1:2 bzw. 0:2 die Segel streichen. Das musste auch der AS Monaco um Michel Hidalgo: Die Rangers aus Glasgow gewannen zweimal

Die Mannschaft AS Monaco
Hinten v. l.: Novak, Hernandez, Biancheri, Artelesa, Thomas, Ludo
vorne v. l.: Djibrill, Hess, Douis, Hidalgo, Carlier

1961/62

Vorwärts Berlin
hinten v. l.: Nachtigall, Körner, Nöldner, Kohle, Wirth
mitte v. l.: Kiupel, Unger, Reichelt
vorne v. l.: Kalinke, Spickenagel, Krampe

mit jeweils 3:2. Zu einer Neuauflage des '58er-Halbfinales kam es zwischen Vasas Budapest und Real Madrid. Diesmal setzte sich Real noch deutlicher durch und gewann beide Spiele (2:0 in Budapest und 3:1 in Madrid). Und auch der traditionsreiche "Club" aus Nürnberg (Deutscher Meister 1961 durch ein 3:0 über Borussia Dortmund) musste sich nicht allzu sehr anstrengen, um über Drumcondra Dublin ins Achtelfinale zu gelangen. Im Zabo hieß es 5:0, dem ein 4:1 auf der Grünen Insel folgte.

Der DDR-Meister ASK Vorwärts Berlin empfing Linfield Belfast und siegte vor heimischem Publikum mit 3:0. Vor der Partie gab es viel Beifall, als das schwedische Unparteiischengespann mit den ihnen überreichten Blumensträußen zu den Männern in den Selbstfahrerwagen am Spielfeldrand eilte und den Kriegsversehrten die Blumen überreichte. Vor dem Rückspiel zeigte sich, dass der Bau der Berliner Mauer im August 1961 auch seine Auswirkungen auf den Europacup hatte, denn es kam zu einem zweiten "Fall Glenavon" wie im Jahr zuvor: Obwohl der ASK rechtzeitig die Visa beantragt hatte und die britischen Behörden diese auch bereits erteilt hatten, sagte das Alliierte Reisebüro in Westberlin: "No!" Der UEFA blieb nichts anderes übrig als die Berliner zum Gesamtsieger zu erklären.

◄ Achtelfinale

Im Achtelfinale endete Valkeakoskis Europacup-Ausflug gegen Standard Lüttich, das mit 5:1 und 2:0 die Oberhand behielt. Die armen Dänen aus Odense bekamen es mit Real Madrid zu tun. In Odense machte es Real mit 3:0 noch gnädig, beim Rückspiel allerdings wurden die tapferen Nordlichter mit 9:0 abgefertigt.

Servette Genf siegte im Stade de Charmilles mit 4:3 über Dukla Prag. Das reichte aber nicht für die Männer um Jacques Fatton, denn in der Tschechoslowakei unterlagen sie mit 0:2. Tottenham wurde seiner Favoritenrolle zumindest in Rotterdam gerecht, wo man Feyenoord mit 3:1 schlug. Über das magere 1:1 im Rückspiel waren die

1961/61

Londoner Fans zwar "not very amused", aber es reichte ja auch so.

Nach zwei Blamagen in den Jahren zuvor begann es für Juventus Turin im Europacup allmählich zu laufen. Einem überraschendem 2:1 bei Partizan Belgrad folgte ein deutliches 5:0 in Turin.

Etwas mulmig war den Akteuren von Benfica wohl schon zumute, als sie wenige Monate nach den schweren Ausschreitungen beim Spiel gegen Rapid wieder in Wien antreten mussten. Aber diesmal blieben die 70.000 Zuschauer ruhig, obwohl die Austria wenig zustande brachte und am Ende froh sein musste, ein mageres 1:1 erreicht zu haben. Viel Beifall gab es für ein neues Gesicht bei Benfica: den erst 19-jährigen Halbrechten Ferreira da Silva, bald besser bekannt als Eusebio! Er war es auch, der den "Violetten" im Rückspiel zwei Bälle ins Netz setzte. Auch Aguas war zweimal erfolgreich, Santana traf einmal, und ein Eigentor von Humberto sorgte letztlich dafür, dass die Wiener beim 1:5 für gar kein Tor verantwortlich zeichnen konnten.

Ferreira da Silva, bald weltbekannt als "Eusebio", hier als Amateurfilmer

Der Nürnberger "Club" siegte am 18. Oktober 1961 vor 20.000 Zuschauern knapp mit 2:1 bei Fenerbahce Istanbul. Es war ein hartes Kampfspiel, in dem sich Zenger, Haseneder und Strehl verletzten. Schon vor dem Rückspiel wurde in Mailand dem "Club" bei einem Erreichen des Viertelfinales Benfica Lissabon zugelost. Am 3. Dezember spielten die Nürnberger gegen Fenerbahce allerdings Altherrenfußball. 45.000 pfiffen ihre Lieblinge zur Pause gnadenlos aus. In der 72. Minute fiel dann doch noch das goldene Tor. Ein schneller Spielzug, eingeleitet von Morlock, über Wild zu Flachenecker, der blitzschnell abzog – Torwart Sükrü wehrte zu kurz ab und Tasso Wild vollstreckte zum 1:0.

Der ASK Vorwärts Berlin trat zunächst zu Hause gegen die Glasgow Rangers an. Kohle brachte den ASK in Führung, die jedoch bereits eine Minute später durch Caldow per Elfmeter ausgeglichen wurde. Kurz vor der Halbzeit erhöhte Brand für die Schotten auf 2:1, und bei diesem Spielstand blieb es bis zum Schlusspfiff. Ihr Heimspiel mussten die Rangers aus bekannten Gründen

1961/62

(Visa-Probleme) in Malmö abhalten. Dort erzielte Henderson nach 37 Minuten das 1:0, aber nur kurze Zeit später wurde das Spiel wegen Nebels abgebrochen und für den nächsten Morgen um 10.00 Uhr an gleicher Stätte neu angesetzt. Kalinke traf unglücklich ins eigene Netz, McMillan schoss das 2:0. Dann unterlief Caldow ebenfalls ein Eigentor, woraufhin die Berliner alles nach vorne warfen und Glasgow zum Kontern einluden. McMillan und Henderson ließen sich nicht lange bitten - Endstand: 4:1 für die Rangers.

◀ Viertelfinale

Mit dem gleichen Ergebnis im Gepäck mussten die Schotten allerdings im Viertelfinale die Heimreise aus Lüttich antreten. Der Ex-Frankfurter Istvan Sztani machte ein tolles Spiel und trieb die Belgier zu dieser Superleistung an. Im Ibrox Park versuchten die Rangers noch einmal alles, aber es reichte nur zu einem 2:0, womit Standard Lüttich überraschend für das Halbfinale qualifiziert war. Hoffnungen darauf machte sich auch Dukla Prag, das zu Hause gegen Tottenham mit 1:0 gewann. Aber auf der Insel war das britische Team zu stark. Die "Spurs", die in der vorangegangenen Spielzeit als erster Klub in diesem Jahrhundert das englische "Double" (Meisterschaft und Pokalsieg in einer Saison) geholt hatten, schickten Masopust, Pluskal, Adamec und Co., die wenige Monate später in Chile Vizeweltmeister werden sollten, mit 4:1 nach Prag zurück.

Vor 70.000 Tifosi gewann Real im Stadio Communale bei Juventus Turin mit 1:0. Damit schien die Angelegenheit schon geklärt zu sein - so dachten wohl auch 120.000 Madrilenen, die sich zum Rückspiel eingefunden hatten. Aber diesmal dirigierte nicht di Stefano für die "Königlichen", sondern auf der Gegenseite sein Landsmann Omar Sivori, der mit seinem Tor zum 1:0 für Juve ein Entscheidungsspiel erzwang. Zum ersten Mal in seiner Europacupgeschichte hatte Real Madrid ein Heimspiel verloren! Aber in Paris waren die Spanier wieder da und gewannen trotz der starken Gegenwehr von Sivori und Charles mit 3:1.

Am 1. Februar 1962 lag

Die "Spurs" aus Tottenham waren die erste Mannschaft in diesem Jahrhundert, die in England das "Double" holte

1961/62

Schneematsch im Städtischen Stadion zu Nürnberg, als die Mannschaften von Benfica Lissabon und dem 1. FCN den Platz betraten. 45.000 Franken sahen eine portugiesische Elf, die erhebliche Probleme mit den Bodenverhältnissen hatte. Die "Clubberer" brillierten durch weiträumiges Kombinationsspiel und konnten sich am Ende einen passablen 3:1-Erfolg auf die Fahnen heften.

Dennoch flogen die Nürnberger mit gemischten Gefühlen nach Lissabon. Torwart Wabra, der sich im Oberligapunktspiel gegen den VfB Stuttgart verletzt hatte, musste durch Strich ersetzt werden. Am 22. Februar 1962 meldete sich um 23.02 Uhr Reporter Oskar Klose aus dem Estadio da Luz mit den Worten: "Liebe Hörer in der Heimat, halten Sie sich bitte fest - aber es steht nach zehn Minuten Spielzeit bereits 0:2!" Die Portugiesen spielten wie aus einem Guss, Eusebio war in Topform, der "Club" hingegen vollkommen konfus und am Ende musste Klose ein Debakel in die Heimat melden - 0:6!

Halbfinale

Ebenso wenig Federlesens machte Real Madrid im Halbfinale mit seinem Überraschungsgegner von Standard Lüttich. Mit 4:0 in Madrid und 2:0 in Lüttich zeigten die Madrilenen den Belgiern doch deutliche Grenzen auf. Damit stand Real zum sechsten Mal im Finale des Europacups und war bereit, es den Emporkömmlingen aus Lissabon zu zeigen.

Aber die mussten erst einmal die hohe Hürde Tottenham Hotspur überwinden. Zu Hause stellten sich die Portugiesen in Topform vor und ließen den Engländern wenig Chancen. Mit einem 3:1 im Rücken fuhr man nach London. Dort wurde vor der Partie ein kleiner Psychokrieg entfacht. Bela Guttmann unterstellte den Briten, sie hätten absichtlich das Terrain im Stadion gewässert, um für sich vermeintlich günstigere Bodenverhältnisse zu schaffen. Am 5. April erlebten 55.000 Besucher im Stadion an der White Hart Lane ein packendes, dramatisches Halbfinale. Aguas brachte die Lissaboner in Front, die "Spurs" glichen bis zur Pause aus und in der 50. Minute verwandelte Danny Blanchflower einen Elfmeter zum 2:1 für das Team aus dem Norden Londons. Anschließend stürmte nur noch Tottenham, aber was Smith, White und Greaves auch anstellten: Die

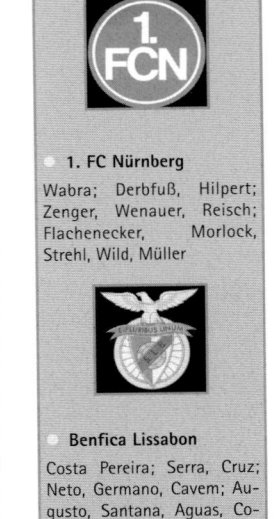

● **1. FC Nürnberg**
Wabra; Derbfuß, Hilpert; Zenger, Wenauer, Reisch; Flachenecker, Morlock, Strehl, Wild, Müller

● **Benfica Lissabon**
Costa Pereira; Serra, Cruz; Neto, Germano, Cavem; Augusto, Santana, Aguas, Coluna, Simoes

1961/62

Portugiesen um ihren Stopper Germano bewiesen ungeahnte Steherqualitäten und hielten dem britischen Ansturm stand.

Mittwoch, 2. Mai 1962, 19.30 Uhr, Olympia-Stadion Amsterdam, 65.000 Zuschauer - aus der Pfeife von Schiedsrichter Leo Horn ertönte das Signal zum Anstoß des Finales um den Europacup der Landesmeister 1962 zwischen Real Madrid und Benfica Lissabon.

◀ Finale

Real Madrid spielte ganz in Blau, Benfica in Rot-Weiß. Zu Beginn zeigte sich eine gewisse Nervosität bei den Portugiesen, Real wirkte abgeklärter. In der 18. Minute flitzte der 34-jährige Puskas wie ein Gepard durch die Benfica-Abwehr und erzielte mit seinem linken "Hammer" das 1:0. Und keine fünf Minuten später war es wieder der mittlerweile zum Spanier gewordene Ungar, der Costa Pereira zum zweiten Mal bezwang. Jetzt sah Benfica blass aus. Aber ihr Routinier Aguas schlug urplötzlich aus einem Gewühl im spanischen Strafraum heraus zu und besorgte den Anschlusstreffer. Nach einer halben Stunde hämmerte Eusebio den Ball an der rechten oberen Torecke vorbei - Araquistain hätte keine Chance gehabt und war in der 33. Minute tatsächlich geschlagen: Cavem markierte den Ausgleich. Nur weitere vier Minuten später vergab Gento freistehend vor dem portugiesischen Kasten, und in der 40. Minute schlug dann Puskas erneut zu, als er Pereira aus 18 Metern mit einem überraschenden, trockenen Linksschuss bezwang. Damit hatte Puskas in den zwei Endspielen, an denen er bis dahin beteiligt war (zuvor 1960 gegen Eintracht Frankfurt) bereits sieben Tore erzielt!

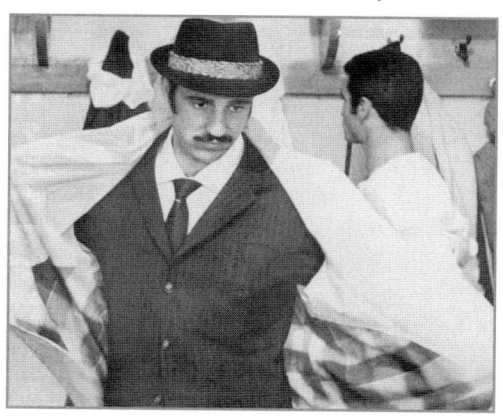

Das Publikum hielt bis zur Pause den Atem an und kam aus dem Staunen nicht heraus. So etwas hatte man in Amsterdam noch nicht gesehen! (Die Zeit der Keizers und Cruyffs war noch nicht angebrochen.) Und auch nach dem Seitenwechsel ging es munter weiter. In der 50. Minute gelang Coluna der erneute Ausgleich, wobei sein Schuss aus 20 Metern als durchaus haltbar für Araquistain erschien. Noch eine

Der Portugiese Germano, mit neu erworbenem Hut, vor dem Spiel gegen Real Madrid

93

1961/62

Die Finalisten von Real Madrid
v.l: Gento, Arquistan, Casado, Santamaria, Miera, Pachin, Felo, Tejeda, di Stefano, del Sol, Puskas

Benfica Lissabon vor dem Finale
v. l.: Pereira, Germano, Cruz, Coluna, Eusebio, Cavem, Simoes, J.Augusto, Angelo, Joao, Aguas

halbe Stunde, und Benfica wurde physisch und mental immer stärker. Die "alten Herren" aus Madrid hatten hingegen zunehmend mit dem Kopf und mit den Beinen zu kämpfen. Jetzt kam die große Stunde Eusebios. In der 63. Minute verwandelte er zunächst eiskalt einen Foulelfmeter (Pachin hatte ihn zuvor im Strafraum zu Fall gebracht), im Gegenzug vergab di Stefano freistehend, was nicht allzu oft vorkam, aber ein Zeichen für die beginnende Wachablösung war. Als Coluna Eusebio in der 69. Minute mit einem fein abgezirkelten Pass freispielte und der gebürtige Mosambikaner den Ball zum 5:3 in die Maschen donnerte, hatte Benfica Lissabon ganz Europa bewiesen, dass der Sieg über Barca im Vorjahr kein Zufall gewesen war. Hier war eine große Mannschaft am Werk. Um 21.15 Uhr war Schluss mit dem vielleicht besten Finale, das wir bisher im Europacup sehen durften. Es war ein Spiel der Superlative, ein grandioser Sieg der Offensive.

Benfica Lissabon
Costa Pereira; Joao, Angelo; Cavem, Germano, Cruz; Augusto, Eusebio, Aguas, Coluna, Simoes

Real Madrid
Araquistain; Casado, Miera; Felo, Santamaria, Pachin; Tejeda, del Sol, di Stefano, Puskas, Gento

Portrait
Bela Guttmann

Guttmann wurde am 27. Januar 1899 in Budapest geboren und wuchs in den Kreisen des jüdischen Bürgertums der Donaumetropole auf. Fußball wurde in Budapest gerade von dieser Bevölkerungsgruppe begeistert betrieben. Der Erste Weltkrieg und seine Auswirkungen ließen die K.-u.-k.-Monarchie auseinander brechen, in diesem Chaos wurde aber weiterhin Fußball gespielt. Guttmann hatte mit 16 (!) Jahren sein Diplom zum Tanzlehrer für klassische Tänze abgelegt, und diese Ausbildung wirkte sich auch auf seine Fähigkeiten auf dem Fußballplatz aus: Er war geschmeidig und ein glänzender Techniker, der bereits mit 17 Jahren in der ersten Mannschaft von Törekves Budapest spielte. Bald wurde der Spitzenklub MTK auf ihn aufmerksam, bei dem er 1920 auch einen Vertrag erhielt. Guttmann bekleidete den Posten des Mittelläufers und debütierte am 5. Juni 1921 beim 3:0-Sieg über Deutschland in der ungarischen Nationalmannschaft. Sein Pech war aber, dass MTK gespickt war mit Spitzenkönnern wie Imre Schlosser, Alfred Schaffer, György Orth, Jozsef Braun oder Gyula Feldmann - da gab es keine Garantie auf einen Stammplatz. 1921/22 kam er nur viermal zum Einsatz und sah sich veranlasst, zur jüdischen Hakoah nach Wien zu wechseln. Dort avancierte er zum Regisseur auf dem Platz und wurde 1925 mit Hakoah österreichischer Fußballmeister. Sein Klub unternahm darüber hinaus viele Auslandstourneen, was ihm in seiner späteren Laufbahn als Trainer sehr zugute kam. Eine solche Reise führte ihn 1926 in die USA. Dort versuchten einige Geschäftemacher eine professionelle "Soccer-League" aufzubauen. Guttmann blieb kurz entschlossen im Land der unbegrenzten Möglichkeiten und heuerte bei den New York Giants an. Allerdings machten Weltwirtschaftskrise und "Schwarzer Freitag" auch dem "Soccer" in den USA bald ein Ende, da die Abhängigkeit vom Mäzenatentum absolut war und es keine gewachsene Vereinskultur wie in Europa gab. 1932 kollabierte die "Soccer-League" endgültig, und Guttmann absolvierte sein letztes Profispiel.

Er hatte aber ohnehin längst für sich beschlossen, nach seiner aktiven Laufbahn als Trainer weiterzuarbeiten. So übernahm er, nach Europa zurückgekehrt, für zwei Jahre die Wiener Hakoah, die (das muss erwähnt werden) bereits zu diesem Zeitpunkt (1934) mit dem wachsenden Antisemitismus in Wien zu kämpfen hatte. Schon 1925, als Hakoah Rapid, Austria, Vienna und Admira in der Meisterschaft hinter sich gelassen hatte, war beim "Heurigen" durchaus ein leichtes Murren zu hören gewesen.

Im Frühjahr 1935 meldete sich auf Vermittlung von Hugo Meisl der holländische Provinzklub SC Enschede bei Guttmann und bot ihm die Trainerstelle an. Guttmann sagte zu und führte Enschede sensationell auf den 3. Platz der niederländischen Meisterschaftsendrunde. Der Erfolg war aber nicht von Dauer und so kehrte er nach Wien zurück.

Am 15. März 1938 annektierten die Nazis Österreich - das "Großdeutsche Reich" sollte für die nächsten sieben Jahre seine Spuren in Europa, in der Welt und in den Köpfen der Menschen hinterlassen. Guttmann erkannte sofort die Zeichen der Zeit und emigrierte in seine Heimat nach Budapest,

1961/62

wo er das Training von Ujpest Budapest übernahm. Und er hatte Erfolg. Mit psychologischem Geschick nahm er den Führungsspieler, den genialen, aber auch sensiblen und launischen Gyula Zsengeller, für sich und sein Konzept ein. Ujpest feierte in der Saison 1938/39 die ungarische Meisterschaft und kurz darauf den Gewinn des Mitropacups. Im Mitropacup-Endspiel wurde der Lokalrivale Ferencvaros mit 4:1 und 2:2 geschlagen. Wenige Wochen später entfachten die Nazis den 2. Weltkrieg. Wo Guttmann sich während des Infernos und der Judenverfolgung aufhielt, ist nicht bekannt. Man vermutet, dass er mit seiner Frau bei Freunden in der Schweiz Unterschlupf fand. Sein Bruder wurde im KZ ermordet.

1945 tauchte Guttmann wieder in Budapest auf und übernahm das Training von Vasas, die er zur Vizemeisterschaft führte. (Sein Gehalt bestand übrigens zur Hälfte aus Naturalien, da Vasas von Lebensmittelherstellern gesponsert wurde.) Nach einer Zwischenstation beim späteren Dinamo in Bukarest kehrte er Anfang 1947 wieder nach Budapest zurück und landete bei seinem alten Klub Ujpest. Gleichzeitig übernahm er das Training der Nationalmannschaft. Mit Ujpest wurde er Meister, und die Nationalmannschaft setzte in den Länderspielen sein Fußball-Credo um: "Schießen, schießen und nochmals schießen!" Noch besser konnte er seine Philosophie mit dem von der Armee unterstützten Kispest AC (ab 1949 Honved) verwirklichen. Dort waren die Supertalente Bozsik, Kocsis und Puskas am Wirken. 1947/48 traf Kispest 82-mal, in der folgenden Saison gar 94-mal ins gegnerische Tor. Die Kispest-Spieler praktizierten totale Offensive. Nach einer Auseinandersetzung mit Funktionären, das ewige Dilemma Guttmanns, verließ er Ungarn. Er wollte mit Vollprofis arbeiten, was für ihn ehrlicher war als der Schein-Amateurismus, der in seinem Heimatland Einkehr gehalten hatte. Guttmanns Ziel hieß Italien. Den ersten Vertrag erhielt er beim AC Padua, wo er ebenso erfolgreich tätig war wie beim US Triestina Triest. Aber auch dort wurde er entlassen. Er "erholte" sich bei den Boca Juniors Buenos Aires, kehrte wieder nach Europa zurück, trainierte in Zypern und bekam schließlich ein Angebot des AC Mailand, den er ab November 1953 trainierte. Er führte Milan aus der Krise und am Ende der Saison auf den zweiten Tabellenplatz. In der nächsten Saison beherrschten die Mailänder, verstärkt durch Schiaffino, die Serie A, durchliefen aber kurz vor Schluss eine Durststrecke, was einige Intriganten in der Klubführung veranlasste, Guttmann von heute auf morgen den Stuhl vor die Tür zu setzen.

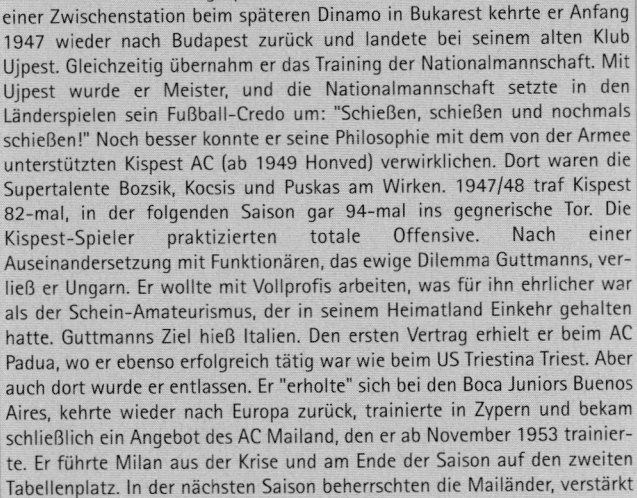

Es war die größte Demütigung in seiner Trainerkarriere. Milan wurde doch noch Meister, bei den Feierlichkeiten war Guttmann (dessen nächste Station Lanerossi Vicenza hieß) nicht dabei.

Als in Ungarn im Oktober 1956 der Aufstand losbrach, befand sich Honved Budapest gerade auf Europatournee. Der Rückweg war versperrt, und so schlug Honved sein Lager in Mailand auf. Guttmann übernahm das Training und das Management, absolvierte mit dem Verein noch eine Südamerikatournee, danach fiel die Mannschaft auseinander. Bela Guttmann blieb gleich in Brasilien, wo er mit dem FC São Paulo 1957 den Meistertitel holte. Aber er wollte zurück nach Europa. Am 5. November 1958 verpflichtete ihn der FC Porto, der in einem Herzschlagfinale 1959 vor Benfica Lissabon den portugiesischen Titel gewann. Doch das Klima in Porto bekam Guttmann nicht (Rheuma), und so war er froh, als ihm Benfica ein Angebot machte - zumal er sah, dass die Lissaboner die besseren sportlichen Perspektiven besaßen. Nach der Meisterschaft 1960 gelang ihm 1961 die Sensation, als er mit seiner Mannschaft den Europacup der Landesmeister holte. Seinen größten Erfolg feierte er wohl, als Benfica diesen Triumph ein Jahr später wiederholen konnte, und das auf sehr eindrukksvolle Art und Weise gegen das große Real Madrid.

Über verschiedene Stationen führte ihn sein Weg zum Schluss wieder zurück in sein geliebtes Wien, wo er am 28. August 1981 verstarb. Bela Guttmann war ein Kosmopolit und (nicht immer freiwilliger) Globetrotter, der nahezu ständig Ärger mit Funktionären jeglicher Couleur hatte. (Auf dem Höhepunkt seiner Laufbahn steckte man ihm dennoch am Ende einer jeden Woche 12.500 $ zu.) Er liebte den Offensivfußball über alles, predigte ihn überall, wo er war, und hatte Erfolg damit. Bei allem psychologischen Geschick, gerade auch im Umgang mit den Stars, konnte er auch knallhart sein und forderte bedingungslose Unterordnung unter sein Konzept. Doch hatte auch er sein Päckchen zu tragen, und Verwundungen wurden ihm zur Genüge zugefügt.

Er hat einmal gesagt, er müsse überall immer zwei Lasten tragen: Zum einen sei er überall Ausländer und zum anderen überall Jude. Bela Guttmann war eine große Persönlichkeit und einer der ganz großen Trainer, die der Fußball im letzten Jahrhundert erleben durfte bzw. einige erdulden mussten - je nach Sichtweise.

••• 1962/63

Wieder gab es einen neuen Melderekord. Die Meister aus 29 Ländern annoncierten ihre Teilnahmewilligkeit am diesjährigen Wettbewerb, dazu kam noch Titelverteidiger Benfica Lissabon. Der Belgier Jose Crahay ließ im Kölner "Excelsior" die Lose für die Partien der Qualifikation ziehen.

Schwedens Meister IFK Norrköping überwand etwas mühevoll die "Partisanen" aus Tirana (2:0 und 1:1). Ähnlich eng ging es beim Duell zwischen Linfield Belfast und Esbjerg BK zu. Nur knapp setzten sich die Dänen mit 2:1 und 0:0 durch. Wesentlich klarer gewann Vasas Budapest gegen Fredrikstad FK aus Norwegen (7:0 und 4:1), und auch Austria Wien ließ beim 5:3 und 2:0 gegen IFK Helsinki nichts anbrennen.

Überraschend deutlich ließ Galatasaray Istanbul Dinamo Bukarest hinter sich. Nach dem 1:1 in der rumänischen Hauptstadt siegten die Türken zu Hause mit 3:0, derweil Union Luxemburg anerkennen musste, dass der AC Mailand einfach eine Nummer zu groß war - eine Erkenntnis, die mit 0:6 und 0:8 überdeutlich ausfiel. Acht der vierzehn Milan-Tore schoss der Brasilianer Altafini (als WM-Teilnehmer und Titelgewinner 1958 hieß er noch Mazzola, mittlerweile war er naturalisiert worden und spielte für Italien).

Polonia Bytom trug aufgrund des größeren Stadions sein Heimspiel gegen Panathinaikos Athen in Chorzow aus. Das 2:1 war knapp bemessen, und schon befürchtete man in Polen einen neuerlichen Misserfolg in der ersten Runde. Aber völlig überraschend gewann Bytom bei den Griechen mit 4:1. Dramatisch verlief das Aufeinandertreffen zwischen Servette Genf und Feyenoord Rotterdam. Zunächst siegten die Rotterdamer in Genf mit 3:1, womit alles klar zu sein schien. Aber Servette fightete zurück und erreichte seinerseits einen 3:1-Erfolg bei Feyenoord. Neutraler Austragungsort des Entscheidungsspiels war Düsseldorf. Mit Unterstützung seines aus den nahen Niederlanden herbeigeeilten Publikums gewann Rotterdam - mit 3:1.

Jose Joao Altafini, auch genannt Mazzola, nahm 1958 für Brasilien und 1962 für Italien an der WM teil

CDNA Sofia
Najdenov; Gaganelov, Kochev; Dimitrov, Rakarov, Stankov; Rankov, Panayotov, Tsanev, Jakimov, Kolev

Partizan Belgrad
Soskic; Jusufi, Mihailovic; Radovic, Milutinovic, Vasovic; Vislavski, Kovacevic, Vukelic, Galic, Mihailovic

FC Dundee
Slater; Hamilton, Cox; Seithe, Ure, Wishart; Smith, Penman, Cousin, Gilzean, Robertson

1. FC Köln
Ewert; Regh, Sturm; Hemmersbach, Wilden, Benthaus; Thielen, Schäfer, Müller, Habig, Hornig

Floriana La Valetta hatte gegen Ipswich Town (1:4 und 0:10) ebenso wenig eine Chance wie Shelbourne Dublin gegen Sporting Lissabon (0:2 und 1:5). Überraschend hingegen waren die zwei Siege von CDNA Sofia gegen Partizan Belgrad, das immerhin einige WM-Dritte aus Chile in seinen Reihen hatte. Zunächst gewannen die Bulgaren zu Hause mit 2:1, noch deutlicher dann in Belgrad mit 4:1.

ASK Vorwärts Berlin wollte man von Seiten der UEFA erneute Visaprobleme ersparen und "lenkte" daher die Auslosung ein wenig, wie Crahay sich ausdrückte. Gegner wurde so Dukla Prag, das sich mit einigen Spielern schmücken konnte, die mit dem Nimbus des frisch gebackenen Vizeweltmeisters aus Chile zurückgekehrt waren. Entsprechend selbstbewusst traten sie in Berlin an und gewannen mit 3:0, so dass sie sich in Prag mit einem 1:0 begnügen konnten.

Der andere deutsche Vertreter, der 1. FC Köln, war im Mai 1962 durch einen 4:0-Endspielsieg über den 1. FC Nürnberg ganz souverän deutscher Meister geworden und beherrschte schon wieder die westdeutsche Oberliga. Entsprechend selbstsicher fuhren die "Geißböcke" an die Ostküste Großbritanniens, zum schottischen Überraschungsmeister FC Dundee. Doch nach zwölf Minuten stand es bereits 3:0 für Dundee. Torhüter Ewert hatte sich schon in der zweiten Minute so sehr verletzt, dass er zur Halbzeit ausscheiden musste. Da führten die Schotten bereits mit 5:0. Verteidiger Regh ging ins Tor, und mit einem Akteur weniger gerieten die Männer um Schäfer, Thielen und Wilden in einen wahren Sturmlauf des Gegners. Waren es 1960 noch die Schotten gewesen, die das Ergebnis vom Spiel ihrer Rangers bei der Frankfurter Eintracht nicht hatten glauben wollen, so staunte man nun in Deutschland über das, was man da aus Dundee zu hören bekam: 1:8!!!

Bei diesem Spiel kündigte sich übrigens auch international der Anfang einer großen Karriere an, die ihre Fortsetzung u.a. bei den Tottenham Hotspurs fand: Alan Gilzean hatte allein drei Treffer erzielt. Für Köln war es eine aussichtslose Ausgangsposition für das Rückspiel, aber die Rheinländer verabschiedeten sich ehrenvoll mit einem 4:0-Heimsieg.

Am 5. September 1962 verfolgten im Bernabeu-

1962/63

Stadion 75.000 Fans mit Entsetzen, wie der Gast aus Anderlecht immer besser ins Spiel fand. Zocco und Gento brachten Real zwar mit 2:0 in Führung, aber noch vor der Pause schafften van Himst und Janssen jeweils nach Alleingängen den Ausgleich. Drei Minuten nach dem Seitenwechsel war di Stefano mit dem Kopf zur Stelle und markierte die erneute Führung für Madrid. Aber die Belgier hielten großartig dagegen, und in der 81. Minute war es so weit: Stockmann konnte sich von seinem Gegenspieler lösen, lief allein auf Araquistain zu, umspielte diesen wie eine Fahnenstange und schoss den verdienten 3:3-Ausgleich. Drei Wochen später erwarteten 70.000 Zuschauer im Brüsseler Heyselstadion erwartungsvoll das große Real - viele erinnerten sich noch an das tolle Endspiel von 1958. In der ersten Halbzeit sah man jedoch von beiden Seiten nicht viel. Amancio vergab eine der wenigen Chancen, als er aus zehn Metern nicht vollstrecken konnte, nachdem Torwart Fazekas zu kurz abgewehrt hatte. Insgesamt stand das Spiel deutlich im Zeichen der beiden Abwehrreihen, bis sechs Minuten vor dem Ende plötzlich der mehr aus dem Hinterhalt agierende Brillenträger Jurion vor dem Gehäuse der Madrilenen auftauchte und den "Königlichen" nach einer Körperdrehung aus dem Stand den Todesstoß versetzte. Mit 0:1 war Real in der Qualifikation ausgeschieden - jetzt wurde in Madrid wieder heftigst über das Alter von di Stefano und Puskas diskutiert.

▶ Achtelfinale

Stade de Reims griff erst im Achtelfinale in den Wettbewerb ein und zeigte gleich, dass mit ihm noch zu rechnen war. Die 2:3-Niederlage bei Austria Wien (wieder einmal kam es dabei in der österreichischen Hauptstadt zu Zuschauerausschreitungen) konnte in Paris mit 5:0 eindeutig revidiert werden. Raymond Kopa brillierte in dieser Partie wie zu seinen besten Zeiten.

Die Spieler des FC Dundee hatte anscheinend durch ihren Kantersieg über Köln so viel Selbstvertrauen getankt, dass ihnen auch die 0:1-Niederlage bei Sporting Lissabon nichts ausmachte. Mit 4:1 glichen sie in Schottland die Niederlage mehr als deutlich aus. Dreifacher Torschütze war erneut Gilzean.

Auch der RSC Anderlecht setzte seinen Siegeszug fort. Durch ein 2:2 beim starken CDNA Sofia schufen sie sich günstige Voraussetzungen für das Rückspiel. In Brüssel

● **RSC Anderlecht**
Fazekas; Heylens, Cornelis; Hanon, Verbiest, Lippens; Janssens, Jurion, Stockmann, van Himst, Orlans

● **Real Madrid**
Vicente; Casado, Miera; Zocco, Santamaria, Pachin; Amancio, Muller, di Stefano, Puskas, Gento

● **Stade de Reims**
Colonna; Wendling, Rodzik; Siatka, Kaelbel, Moreau; Dubaele, Abeski, Kopa, Robin, Sauvage

● **Austria Wien**
Fraydl; Strobl, Löser; Gager, Stotz, Paproth; Hirnschrodt, Jacare, Nemec, Fiala, Dr. Schleger

100

1962/63

machten sie das Beste daraus und schickten die Bulgaren durch zwei Treffer von Außenläufer Lippens mit 2:0 nach Hause.

Benfica Lissabon hatte mit dem IFK Norrköping beim 1:1 und 5:1 ebenso wenig Probleme wie Dukla Prag, das Esbjerg BK mit 0:0 und 5:0 aus dem Cup verabschiedete.

Auch der temperamentvolle Rückhalt durch das Publikum in Chorzow nutzte Polonia Bytom beim 1:0-Sieg gegen Galatasaray nichts mehr, denn man hatte schon im Hinspiel am Bosporus die Überlegenheit der Türken anerkennen müssen und mit 1:4 verloren. Dabei hatte der aus Palermo zurückgekehrte Metin das Spiel zu Gunsten von Galatasaray entschieden.

Ipswich Town war unter dem späteren Weltmeister-Coach Alf Ramsey überraschend englischer Meister geworden. Aber das Können der Briten reichte gegen den AC Milan nicht aus. Beim 0:3 im San Siro schossen Sani und zweimal Barison die Tore für die Mailänder.

Nachdem die Mailänder auch in England nach 63 Minuten durch Barison in Führung gegangen waren, langte es für Ipswich lediglich noch zu einem 2:1-Sieg.

Drei Spiele benötigten Feyenoord Rotterdam und Vasas Budapest, um den letzten noch ausstehenden Viertelfinalisten zu ermitteln. Ein 1:1 in den Niederlanden und ein 2:2 in Ungarn erforderten ein Entscheidungsspiel, das Feyenoord in Antwerpen durchaus überraschend mit 1:0 gewann. 60.000 Zuschauer, darunter 40.000 Niederländer, erlebten eine von der ersten bis zur letzten Minute spannende Partie, in der Bennaars nach 55 Minuten das goldene Tor erzielte und Vasas-Rechtsaußen Kekesi in der 80. Minute nur den Pfosten traf. Bester Mann auf dem Platz war Rotterdams Linksaußen Moulijn. Er und Torwart Pieters-Graafland waren 1970 noch dabei, als Feyenoord in Mailand gegen Celtic Glasgow als erstes niederländisches Team den Europacup gewinnen konnte. Auch im Viertelfinale zog der AC Mailand mühelos seine Kreise. Mit 3:1 und 5:0 ließen sie Galatasaray keine Chance, obwohl die Türken in Istanbul bereits nach drei Minuten in Führung gingen. Es sollte noch 37 Jahre dauern, bis Galatasaray im Europacup Triumphe feiern konnte.

◀ Viertelfinale

Paul van Himst vom RSC Anderlecht schaffte es mit seinem Team bis ins Viertelfinale

AC Mailand
Liberalato; David, Radice; Pivatelli, Maldini, Trapattoni; Germano, Sani, Altafini, Rivera, Barison

Ipswich Town
Bailey; Carberry, Malcolm; Baxter, Nelson, Pickett; Stephenson, Moran, Crawford, Blackwood, Leadbetter

1962/63

Eine Sensation gelang Feyenoord, das die Zügel in der Meisterschaft schleifen ließ und sich ganz auf den Europacup konzentrierte, im Parc des Princes zu Paris, wo das ruhmreiche Stade de Reims mit 1:0 geschlagen wurde. In dieser Partie misslang Kopa alles. Durch ein hart erkämpftes 1:1 im Rückspiel war die Riesen-Überraschung perfekt und ein niederländischer Verein im Halbfinale (was wenige Jahre später keine Sensation mehr darstellte, sondern Normalität im europäischen Fußball war). Es war übrigens das bis heute letzte Europacupspiel von Stade de Reims. Andere übernahmen im Verlauf der folgenden Jahre die Führung in Frankreichs Fußball - AS St. Etienne, Olympique Marseille, FC Nantes etc. Aber vielleicht kommen sie ja eines Tages wieder - "les remois".

Seit Tagen war das Estadio da Luz in Lissabon ausverkauft. Man erwartete Dukla Prag. Wer allerdings erwartet hatte, Dukla würde die meiste Zeit im eigenen Strafraum verbringen, sah sich getäuscht. Die Tschechen demonstrierten ihre technische Ballfertigkeit, ihr raffiniertes Passspiel in das "Gässchen", in Prag "ulicka" genannt, und die Benfica-Fans staunten nicht schlecht. Die Prager machten eigentlich nur einen Fehler - sie schossen zu wenig Tore. Coluna machte ihnen auf der Gegenseite vor, wie es ging, indem er beide Treffer zum 2:1-Sieg beisteuerte. Und das eine Tor, das Dukla durch Vacenovski dann doch noch erzielte, machte Hoffnung für das Rückspiel. Dort trieb Masopust, in Lissabon vor dem Spiel mit dem "Goldenen Fußball" als Europas Fußballer des Jahres 1962 ausgezeichnet, das Spiel seiner Mannschaft nach vorne. Aber die Prager trafen wieder nicht. Brumovsky hatte in der 45. und 76. Minute Costa Pereira schon ausgespielt und brachte den Ball nicht im Netz unter! Es war zum Verzweifeln. Dukla scheiterte an der eigenen Unzulänglichkeit.

Besser machte es da schon der FC Dundee, der den Real-Bezwinger RSC Anderlecht in Brüssel mit 4:1 auskonterte, so dass in Schottland ein 2:1 reichte, um - etwas überraschend - als dritter schottischer Klub nach Hibernian Edinburgh (1956) und den Glasgow Rangers (1960) ins Halbfinale zu gelangen und so mit den Engländern (Manchester United 1957 und '58 sowie Tottenham Hotspurs London 1962) gleichzuziehen. Beim

Dukla Prag
Kouba; Safranek, Urban; Pluskal, Cadek, Masopust; Brumovsky, Vacenovsky, Kucera, Adamec, Jelinek

Benfica Lissabon
Costa Pereira; Cavem, Cruz; Humberto, Raul, Coluna; Augusto, Santana, Torres, Eusebio, Simoes

1962/63

ersten Spiel im Heysel-Stadion verzweifelten 60.000 Belgier. Dreimal war der schottische Torhüter Slater schon geschlagen, dreimal rettete Verteidiger Cox. Aus acht Torgelegenheiten machten die Schotten vier Tore!

◀ Halbfinale

Das De Kuip war restlos ausverkauft, als Benfica Lissabon dort zum Halbfinale antrat. Aber beide Mannschaften waren eher defensiv ausgerichtet. Feyenoord gelang es nicht, die verhalten spielenden Portugiesen aus der Reserve zu locken. Enttäuschung über beide Teams machte sich unter den Fans breit.

Trotzdem begleiteten 2.000 Niederländer ihre Mannschaft nach Lissabon. Die Rotterdamer versuchten mutig nach vorne zu spielen und Moulijn bereitete seinem Gegenspieler Cavem auf dem linken Flügel einige Kopfschmerzen. Aber Coluna übernahm das Ruder und bestimmte im Verbund mit Santana und Eusebio rasch den Rhythmus des Spiels. So war es nur logisch, dass Benfica in schöner Kontinuität seine Tore schoss: Drei Stück an der Zahl, erzielt von Eusebio, Torres und Santana bei einem Gegentreffer der Niederländer durch Bouwmeester - damit war Benfica zum dritten Mal hintereinander ins Finale eingezogen.

Der FC Dundee hatte mittlerweile sein Pulver verschossen. Bisher hatte man - ganz "unschottisch" - mit Toren nicht gegeizt. In sechs Spielen hatten die Schotten achtzehnmal getroffen, und das gegen Gegner wie den 1. FC Köln, Sporting Lissabon und den RSC Anderlecht. In Mailand kassierte man nun aber selbst fünf Gegentreffer gegen den übermächtigen AC. Zur Pause stand es noch 1:1, aber in der zweiten Halbzeit war Milan nicht mehr zu halten. Nachdem Sani und Cousin für den Halbzeitstand gesorgt hatten, stellten je zweimal Mora und Barison das Endergebnis her. Beim Rückspiel nützte Dundee auch die Unterstützung der 40.000 im Den's Park nichts mehr. Der 1:0-Sieg konnte das 1:5 von San Siro nicht mehr ausgleichen Trotzdem hatte der FC Dundee eine hervorragende Visitenkarte abgegeben.

Im Finale am 22. Mai 1963 sollte die Frage geklärt werden, ob Benfica Lissabon ein ähnlicher Siegeszug wie Real Madrid gelingen würde und der Cup zum dritten Mal in Folge gewonnen werden konnte. Dem wollte der AC Mailand bei seinem zweiten Endspielauftritt nach 1958 einen Riegel vorschieben. Die englischen Fans stan-

◀ Finale

103

1962/63

*Die Finalisten von Benfica Lissabon
hinten v.l: Martins, Machado, Cruz, Coluna, Fernandes, Pereira
vorne v. l.: Silva, Santana, Augusto, Eusebio, Simoes*

*AC Mailand vor dem Finale
hinten v. l.: Maldini, Victor, Rivera, Altafini, Mora, Pivatelli
vorne v. l.: Ghezzi, Trebbi, David, Trapattoni, Sani*

den dem "lateinischen" Finale skeptisch gegenüber, und so fanden nur 45.000 den Weg ins Wembley-Stadion. (Eine Woche später sollten zum englischen Cupfinal zwischen Manchester United und Leicester City 100.000 da sein.)

Eine kombinierte Kapelle der schottischen und irischen Garde vermittelte vor Spielbeginn dennoch - britischer Tradition folgend - Finalatmosphäre, und um 14.55 Uhr führten die Kapitäne Coluna und Maldini ihre Teams auf den gepflegten englischen Rasen. Benfica spielte wie gewohnt in Rot-Weiß, Milan ganz in Weiß.

Zu Beginn der Partie machten die Lissaboner einen besseren Eindruck als die Milanesen. Zwar wirkte Pereira etwas nervös und griff in den ersten zehn Minuten dreimal daneben, was allerdings ohne Folgen blieb. Seine Mannschaftskameraden wirkten dagegen gelöster und spielten offensiver als die Gegenseite, bei der vor allem Sani und Rivera noch zu überhastet agierten. Nach 18

AC Mailand

Ghezzi; David, Trebbi; Benitez, Maldini, Trapattoni; Pivatelli, Sani, Altafini, Rivera, Mora

Benfica Lissabon

Costa Pereira; Cavem, Cruz; Humberto, Raul, Coluna; Augusto, Santana, Torres, Eusebio, Simoes

Minuten brach Eusebio nach rechts durch, ließ zwei Gegenspieler aussteigen und Torwart Ghezzi alt aussehen - 1:0 für Benfica. Auf der anderen Seite scheiterte Altafini bei einem Vorstoß zwar knapp, aber die Italiener wurden stärker und schossen nun aus allen Lagen. Bis zur Pause blieb es allerdings beim 1:0, was sich nach dem Seitenwechsel ändern sollte.

In der 58. Minute passte Rivera quer zu Altafini, der sofort abzog. Pereira reagierte viel zu spät - 1:1. Zwei Minuten nach dem Ausgleich dann die einzige unschöne Szene in diesem Spiel, deren Auswirkungen allerdings ein wenig mithalfen, dass die Partie kippte: Pivatelli hakelte sich an der Mittellinie bei Coluna ein, so dass dieser verletzt ausscheiden und bis zur 78. Minute in der Kabine behandelt werden musste, ehe er auf den Platz zurückkehren konnte. Aber da war das Spiel entschieden, denn mittlerweile hatten Sani und Rivera das Geschehen vollends an sich gerissen und Milan führte mit 2:1. In der 67. Minute war es wieder Altafini gewesen, der dem Benfica-Keeper keine Chance gelassen hatte. Anschließend bauten die Italiener eine lebende Mauer und pflegten ihren "confrattaco", den Gegenangriff aus einer sicheren Abwehr heraus. Sie spielten diesen Fußball jetzt in Vollendung, waren einfach die bessere Mannschaft (auch ohne die Verletzung bzw. den Ausfall Colunas) und hatten an diesem Tag auch die besseren Einzelspieler: Ghezzi wirkte sicherer als Pereira, Raul konnte Germano nicht ersetzen und wurde von Maldini klar ausgestochen, Rivera und Sani (übrigens wie Altafini 1958 Weltmeister mit Brasilien) beherrschten das Mittelfeld und Altafini war durchschlagskräftiger als Eusebio.

Zum ersten Mal kam der Europacupsieger nicht von der Iberischen Halbinsel.

In Mailand herrschte natürlich großer Jubel. Inter war italienischer Meister geworden, und der AC hatte in beeindruckender Manier den Europapokal geholt. Die lombardische Metropole war zur Hauptstadt Fußballeuropas avanciert.

Portrait
Eusebio

"Eusebio, der größte Spieler dieser Weltmeisterschaft, ist jetzt größer als Pelé," schrieb die englische Presse während des WM-Turniers 1966 in England.
Was war geschehen?
In der Qualifikation hatten sich die Portugiesen über den Vizeweltmeister von 1962, die CSSR, durchgesetzt. Die Auslosung für das Achtelfinale bei der WM '66 ergab als Gruppengegner: Den amtierenden Weltmeister Brasilien, die starken Ungarn und die schwer einzuschätzenden Bulgaren. Trotz der Erfolge von Benfica im Europacup seit 1961 galt Portugal in dieser Gruppe nicht unbedingt als Favorit. Aber schon im ersten Spiel ließ man den Ungarn wenig Chancen, wobei allerdings erwähnt werden muss, dass der 3:1-Sieg auch unter tätiger Mithilfe des ungarischen Torwarts Szentmihalyi zustande kam, der aus falschem Ehrgeiz eine Verletzung bagatellisiert hatte und an allen Gegentreffern beteiligt war. Bulgarien wurde anschließend sicher mit 3:0 niedergehalten, und im letzten Spiel sorgten die Portugiesen für das frühzeitige Aus des Weltmeisters, der zwar gegen Bulgarien gewonnen hatte, aber von den Ungarn förmlich an die Wand gespielt worden war. Morais, der portugiesische Gegenspieler von Pelé, kannte keine Gnade und trat den brasilianischen Superstar wiederholt regelrecht zusammen. Es gibt eine Aufnahme von einer Szene, in der sich Eusebio nach einem solchen Vorfall schützend vor Pelé stellt und seinen eigenen Mitspieler beschimpft. Pelé musste schließlich vom Platz, wobei er an diesem Tag das Debakel auch nicht hätte verhindern können. An diesem Tag regierte nur einer im Goodison Park von Liverpool: Eusebio. Er erzielte ein herrliches Kopfballtor und besiegelte zum Abschluss mittels Volleyschuss aus spitzem Winkel den 3:1-Erfolg für Portugal.
Die oben erwähnte Schlagzeile entstand nach dem Viertelfinale. Dort trafen die Portugiesen auf die Sensationself aus Nordkorea, die zuvor Italien nach Hause geschickt hatte. Nach 20 Minuten führten die Männer aus dem Land Kim Il Sungs mit 3:0! Es roch nach einer erneuten Sensation - Nordkorea im Halbfinale einer Weltmeisterschaft!
Die meisten portugiesischen Spieler dachten wohl schon an die italienischen Stars, die am römischen Flughafen von ihren Fans mit Tomaten und Apfelsinen empfangen worden waren. Aber Eusebio übernahm die Führung. Er dribbelte die Asiaten schwindlig, schoss plötzlich aus allem Lagen - am Ende gewann Portugal mit 5:3 und Eusebio hatte vier Tore erzielt. Im Halbfinale verlor man zwar gegen den Gastgeber England mit 1:2, doch mit dem 3. Platz bei einer WM durch ein abschließendes 2:1 über die UdSSR errang Portugal den bisher größten Erfolg in seiner Nationalmannschaftsgeschichte, und Eusebio wurde mit neun Treffern Torschützenkönig der WM.
Entdeckt worden war er von Benfica Lissabons "Aufkäufern" eines Tages anno 1960/61 in Moçambique. Nicht die Hitze, sondern das, was sie da sahen, trieb den feinen Herren die Schweißperlen auf die Stirn. Dieser

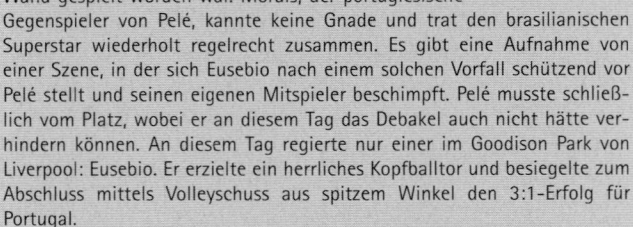

1962/63

schlaksige Kerl mit dem enormen Antritt, den geradezu explosiven Bewegungen, der blendenden Technik und dieser Schusskraft - das war wirklich eine Perle. Eine Perle, die man "für'n Appel und für'n Ei" verpflichtete.

In Lissabon brauchte Trainer Bela Guttmann nicht lange, um zu erkennen, welchen Diamanten man ihm da aus Afrika mitgebracht hatte. Obwohl er erst 19 Jahre jung war, hatte Eusebio sehr schnell seinen Stammplatz sicher. Im Europacup 1961/62 zeigte er der ganzen Welt, was er drauf hatte. Im Finale "erschoss" er das große Real Madrid mit seinen zwei Toren beinahe im Alleingang. Und auch im nächsten Jahr erzielte er im Endspiel von London wieder einen Treffer, aber Benfica unterlag AC Mailand mit 1:2.

Im Oktober 1963 wurde Eusebio in jene Weltelf berufen, die aus Anlass des 100-jährigen Jubiläums des englischen Fußballverbandes im Wembleystadion gegen England antrat und mit 1:2 unterlag. In dieser Weltelf standen: Jaschin (Dynamo Moskau), in der 2. Halbzeit Soskic (Partizan Belgrad); Eyzaguirre (Chile), Schnellinger (1. FC Köln); Pluskal, Masopust (beide Dukla Prag), Baxter (Glasgow Rangers), Kopa (Stade de Reims), Eusebio (Benfica Lissabon), di Stefano, Puskas, Gento (alle Real Madrid); zum Einsatz kamen außerdem: Seeler (HSV), Law (Manchester United).

Noch zwei weitere Male stand Eusebio im Finale des Europacups: 1965 in einem Spiel, das Benfica in Mailand gegen Inter meist in der Offensive sah, aber durch einen Lapsus von Pereira mit 0:1 verloren ging, und 1968 in London gegen Manchester United (1:4 n.V.). In dieser Begegnung hatte es Eusebio mit dem berüchtigten Nobby Stiles zu tun, der ihn mit seinen Fouls an den Rand der Verzweiflung brachte, aber dennoch nie ganz ausschalten konnte In der ersten Halbzeit traf Eusebio die Latte, und zwei Minuten vor Schluss, beim Stande von 1:1, zog er urplötzlich in seiner unnachahmlichen Art von der Mittellinie auf und davon und donnerte aus zehn Metern eine solche Rakete auf das ManU-Tor, dass Stepney im Gehäuse von Manchester womöglich bis heute selbst nicht weiß, wie er diesen Ball halten konnte. Die Szene danach war typisch für Eusebio: Er spendete dem englischen Torhüter Applaus.

In Europa und nahezu auf der ganzen Welt genoss Eusebio großes Ansehen, nur in seiner neuen Heimat Portugal wurde er von den "Herren" lange Zeit wie ein besserer Leibeigener behandelt. Sie bezahlten ihn knickrig, ja sie beuteten ihn aus und benahmen sich gemäß ihrem Selbstverständnis wie Kolonialherren gegenüber einem Sklaven. Einmal wollte er ausbrechen: Italienische Clubs boten viel Geld, er forderte mehr von Benfica... und man sagte ihm, er könne dahin gehen, wo der Pfeffer wächst. Konnte er aber nicht, denn die "Herren" hatten die Ablösesumme so hoch gesetzt, dass keiner sie bezahlen konnte.

Erst im Zuge der "Revolution der Nelken" am 25. April 1974 begann sich die portugiesische Gesellschaft allmählich zu verändern. Mittlerweile ist Eusebio auch in Portugal ein geachteter Mann, aber wirklich geliebt wird er nach wie vor nur da, wo er herkommt - in Moçambique. •••

••• 1963/64

In der ersten Runde des Wettbewerbs 1963/64 gingen 30 Klubs an den Start. Zu den 15 Siegern aus dieser Qualifikation würde sich dann im Achtelfinale Cupverteidiger AC Mailand hinzugesellen.

Partizan Tirana kam zu Hause zu einem 1:0-Erfolg über den bulgarischen Meister Spartak Plovdiv, dem es zum zweiten Mal gelungen war, die Meisterschaft vor dem übermächtigen CDNA Sofia zu erringen. Plovdiv hatte allerdings Mühe, die Skipetaren im Rückspiel mit 3:1 zu bezwingen.

Der ungarische Fußball, der mit seiner Nationalelf 1964 noch EM-Dritter in Spanien sowie Olympiasieger in Tokio werden und mit MTK Budapest bis ins Endspiel des Europacups der Pokalsieger vorstoßen sollte, erlebte im Cup der Landesmeister eine herbe Enttäuschung. Obwohl mit Florian Albert ein absoluter Weltklassespieler im Team stand, kassierte Ferencvaros Budapest in Istanbul bei Galatasaray eine herbe 0:4-Schlappe. Trotz aller Bemühungen reichte es im Rückspiel nur zu einem 2:0-Sieg. (Zwei Jahre später gewann Ferencvaros den Messepokal, den Vorläufer des heutigen UEFA-Cups.)

Florian Albert, Nationalspieler Ungarns, konnte nichts gegen die 0:4-Schlappe bei Galatasaray Istanbul machen

Der FC Zürich gewann in Dundalk mit 3:0, ließ zu Hause die Zügel schleifen und unterlag dem "Football Club" aus Irland mit 1:2. Von einer Niederlage war Partizan Belgrad hingegegen in seinen Begegnungen mit Anorthosis Nikosia weit entfernt - man schlug die Zyprioten mit 3:0 und 3:1. Ebenso handhabte es Dukla Prag mit dem SC La Valetta und machte mit dem maltesischen Meister kurzen Prozess: Am Ende hieß es 6:0 und 2:0.

Gornik Zabrze gewann daheim gegen die Wiener Austria mit 1:0, um in Wien mit dem gleichen Resultat zu unterliegen. Die Verantwortlichen von Gornik stimmten zu, das Entscheidungsspiel ebenfalls in Wien auszutragen, wo die Männer aus dem polnischen Bergbaurevier die Sensation schafften und 2:1 siegten.

Und noch eine Überraschung gab es zu vermelden: Die Jungs von Distillery Belfast düpierten das große Benfica

1963/64

Die Mannschaft des AS Monaco schlug AEK Athen mit 7:1!

im Windsor Park, indem sie den Portugiesen ein 3:3-Remis abtrotzten. Eusebio & Co. nahmen dafür jedoch vor heimischer Kulisse Revanche und schickten das Team aus Nordirland mit 5:0 zurück auf die Insel.

Aus Zuschauerkapazitätsgründen spielte der AS Monaco in Nizza, was den Monegassen gut zu tun schien, denn sie deklassierten AEK Athen mit 7:2. Das 1:1 auf dem Peloponnes war danach unbedeutend.

Im hohen Norden spielte Haka Valkeakoski die Luxemburger von Jeunesse Esch beim 4:1-Erfolg an die Wand, so dass der Kommentator vom "Letzeburger Vollek" seinen Landsleuten für das Rückspiel nur wenig Aussichten auf Erfolg einräumte. Aber Jeunesse nutzte seine geringe Chancen und besiegte die Finnen sensationell mit 4:0.

Das zuversichtliche Standard Lüttich indes musste nach einem 1:0 und einem 0:2 gegen IFK Norrköping seine Hoffnungen auf ein ähnlich gutes Abschneiden wie 1962, als man immerhin das Halbfinale erreicht hatte, enttäuscht begraben.

Die meisten Tore fielen in den beiden Begegnungen zwischen Esbjerg BK und dem PSV Eindhoven. Siegten die Philipps-Kicker schon in Dänemark mit 4:3, so setzten sie in Eindhoven noch eins drauf und gewannen mit 7:1.

Lyn Oslo war 1963 zum ersten Mal norwegischer Meister geworden. Der "Blitz" (= "Lyn") richtete aber gegen Borussia Dortmund kein großes Unheil an, hielt sich bei beiden Niederlagen (2:4 und 1:3) jedoch immerhin recht tapfer. Die Borussia hatte sich übrigens 1963 im letzten Endspiel um die deutsche Meisterschaft vor Einführung der Bundesliga gegen den 1. FC Köln den Titel gesichert.

Eingedenk der letztjährigen Schlappe in der Qualifikation gegen Anderlecht entwickelten die "alten Herren" von Real wenig Humor, siegten bei den Rangers in Glasgow mit 1:0 in Glasgow und fertigten die ruhmreichen Schotten in Madrid gar mit 6:0 ab. Die "Königlichen" hatten sich eindrucksvoll zurückgemeldet.

1963/64

Der SC Motor (heute FC Carl-Zeiss) Jena stand am Anfang seiner "Golden Sixties", beim ersten Europacup-Auftritt in der Meisterklasse scheiterte man aber an Dinamo Bukarest. In der rumänischen Hauptstadt verloren die Jenenser mit 0:2, und Dinamo war clever genug, auch im Ernst-Abbe-Stadion mit 1:0 Sieger zu bleiben.

Das Team aus Jena: Der SC Motor

Der zweite Knüller der Qualifikation neben der Partie zwischen den Rangers und Real war das Aufeinandertreffen des FC Everton mit Internazionale Mailand. Der FC Everton wurde in England "Merseyside-Millionaires" genannt. Manager Harry Catterick legte keinen großen Wert auf Liverpooler Eigengewächse - er hatte seine Truppe zusammengekauft: Scott von den Rangers, Young von den Hearts aus Edinburgh, Gabriel aus Dundee, Kay von Sheffield Wednesday, den Nordiren Bingham und den Waliser Vernon. Sie spielten mit Steilattacken aus einer stabilen Abwehr heraus, mit Wucht und Kraft. Aber um den Inter-Riegel, der bald als "Catenaccio" traurige Berühmtheit erlangen sollte, zu knacken, hätte es wohl mehr Witz und Einfallsreichtum bedurft. Die 70.000 im Goodison Park fieberten bis zum Schlusspfiff mit, aber es nützte nichts.

Im Rückspiel spielte Inter ausnahmsweise auf Angriff, aber nur bis zur Führung, die Jair nach Vorlage von Suarez, der seinem Trainer Herrera aus Barcelona nachgekommen war, in der 46. Minute erzielte. Jair ließ Harris stehen und Keeper West keine Chance. Danach igelte sich Inter in der Abwehr förmlich ein und rettete das 1:0 über die Zeit. Das war die Philosophie Herreras: Ein Tor genügt, wenn man selbst keines kassiert. Dabei hatte seine Mannschaft in der ersten Halbzeit bewiesen, dass sie durchaus in der Lage, auch hervorragenden Offensivfußball zu bieten.

Achtelfinale ▶ Im Achtelfinale griff zum ersten Mal der Titelverteidiger AC Mailand in den Wettbewerb ein. Der IFK Norrköping stellte kein Hindernis dar - mit 1:1 und 5:2 kam Milan locker eine Runde weiter. Der PSV Eindhoven hatte dagegen etliche Probleme, Bulgariens Spartak Plovdiv mit 1:0 und 0:0 zu bezwingen. Und auch Dukla

1963/64

Prag geriet gegen Gornik ("Bergmann") Zabrze in schwere Nöte. Die Tschechen unterlagen in Zabrze mit 0:2, drehten den Spieß aber in Prag noch einmal um und schickten das "Schalke Schlesiens" mit 4:1 nach Polen zurück. Für eine weitere Riesen-Überraschung sorgte Jeunesse Esch in seinem Heimspiel gegen Partizan Belgrad. Der haushohe Favorit musste sich durch einen Treffer von Theis acht Minuten vor Schluss mit 1:2 geschlagen geben, konnte diese Scharte jedoch eine Woche später beim 6:2 vor eigenem Publikum wieder auswetzen (auch wenn die Luxemburger bis kurz vor der Pause ein 1:1 halten konnten).

Drei Spiele und zum Schluss sogar das Eingreifen von Glücksgöttin Fortuna benötigte der FC Zürich gegen Galatasaray Istanbul. Nach 2:0 und 0:2 hieß es beim Entscheidungsspiel in Rom am Ende 2:2. Dann musste das Los entscheiden und tat dies für den als Arbeiterklub geltenden FCZ.

Was sich in der Qualifikation angedeutet hatte, wurde erneut klar: Real Madrid wollte es in diesem Jahr wieder wissen. Das bekam auch Dinamo Bukarest zu spüren, als sie von den Madrilenen mit 1:3 und 3:5 demontiert wurden. Und noch ein weiterer Favorit war schwer zu stoppen in diesem Jahr. Auch der AS Monaco konnte Inter Mailand nicht aufhalten. Das Team aus dem Fürstentum hatte 1963 in Frankreich das Double geholt, was "France Soir" zu der Schlagzeile veranlasst hatte: "Jetzt gehört Monaco zu Frankreich!" Aber international und gegen Internazionale reichte es nicht. Inter siegte in beiden Partien: Zu Hause zwar nur äußerst knapp durch ein Tor von Ciccolo in der 68. Minute, in Monaco aber machte Mazzola innerhalb von vier Minuten (13. und 17.) so gut wie alles klar. Dem zwischenzeitlichen 1:2 setzte Suarez in der 90. Minute das endgültige 3:1 entgegen.

Borussia Dortmund musste im Estadio da Luz bei Benfica Lissabon antreten. Allen war noch das 0:6 der "Clubberer" aus dem Jahr 1962 im Gedächtnis. Benfica legte auch los wie die Feuerwehr, und einige Male retteten Pfosten und Latte. Aber Tilkowski war in Höchstform und brachte die Portugiesen zur Verzweiflung, derweil Kurrat Eusebio so gut es ging an die Leine legte - der Superstürmer schoss den-

Hans Tilkowski

1963/64

noch zwei Tore. Wosab gelang der zeitweilige Ausgleich, und am Ende waren die Dortmunder mit dem 1:2 zufriedener als die Portugiesen. Anfang Dezember 1963 musste Benfica zum Rückspiel antreten. Sie waren schwer gehandicapt, denn Costa Pereira, Raul und vor allem Eusebio waren verletzt und konnten nicht auflaufen.

43.000 erlebten am 4. Dezember 1963 im Stadion "Rote Erde" eines der besten Spiele, das eine deutsche Mannschaft bis heute im Europacup geliefert hat - in einem Atemzug zu nennen mit dem 6:1 der Frankfurter Eintracht gegen die Rangers 1960, dem annullierten 7:1 der Gladbacher Borussen gegen Inter Mailand 1971 und dem 5:1 des HSV 1980 gegen Real Madrid.

Die Borussen berannten das Tor Benficas von Beginn an. Ein wahrer Kombinationswirbel riss die Zuschauer mit und Benfica nieder. Innerhalb von vier Minuten (33. - 37.) schossen Brungs (2) und Konietzka die 3:0-Halbzeitführung heraus. Auch nach der Pause ließen die Dortmunder die Portugiesen nicht aus der Umklammerung. Pfosten und Latte standen immer wieder im Weg. Dennoch erhöhten Brungs und Wosab zum viel umjubelten Endresultat von 5:0! "Hi - ha - ho - Benfica ist k.o.", gellte es aus 43.000 Kehlen in den kalten Nachthimmel über der Bier- und Stahlstadt. Benfica-Trainer Lajos Czeisler, ein alter Fuhrmann auf dem internationalen Fußballparkett, sagte: "Ich bin der Verlierer, aber ich schätze mich glücklich, diesen herrlichen Fußball gesehen zu haben."

▶ Viertelfinale

Im Viertelfinale war Partizan Belgrad technisch und spielerisch absolut gleichwertig mit Inter Mailand. Aber Inter warf in Belgrad wieder einmal den Betonmischer an und konterte die unablässig anstürmenden Jugoslawen klassisch aus. Immer in psychologisch entscheidenden Momenten schlugen sie zu. Jair erzielte in der 48. Minute das 1:0, und Mazzola machte in der 89. Minute das Endresultat perfekt. Das war es schon für Partizan, denn auch in Mailand siegte Inter mit 2:1. Corso (25.) und Jair (42.) sorgten am 4. März 1964 schon zur Halbzeit für die

Die Mannschaft von Borussia Dortmund im Jahre 1964

● **Borussia Dortmund**
Tilkowski; Burgsmüller, Redder; Kurrat, Geisler, Sturm; Wosab, Schmidt, Brungs, Konietzka, Emmerich

● **Benfica Lissabon**
Jose Rita; Cavem, Cruz; Coluna, Luciano, Humberto; Augusto, Santana, Yauca, Serafim, Simoes

Klaus Stürmer, FC Zürich, im harten Zweikampf

2:0-Führung, ehe Bajic (68.) wenigstens noch den Anschluss markieren konnte. Partizan Belgrad sollte erst zwei Jahre später das Europacupendspiel erreichen können.

Der PSV Eindhoven gewann in den Niederlanden gegen den FC Zürich mit 1:0 und machte sich Hoffnungen, es Feyenoord gleichzutun, das ja im Vorjahr das Halbfinale erreicht hatte. Aber der Ex-HSVer Klaus Stürmer trieb seine Sturmkollegen am "Letzigrund" nach vorne und zum 3:1-Erfolg. Damit war der FCZ der zweite Schweizer Klub nach den Young Boys aus Bern (1959), der das Halbfinale des Europacups der Landesmeister erreicht hatte. (Dieses Kunststück sollte der "kleine" Bruder der Grasshoppers 1976/77 wiederholen können, als man am späteren Cupgewinner FC Liverpool scheiterte.)

Am 31. Januar 1964 musste der Cupverteidiger AC Mailand bei Real im Bernabeu-Stadion antreten. Trapattoni hatte am Meniskus operiert werden müssen und konnte nicht mitwirken, was sich für Milan im Mittelfeld negativ auswirkte. In der 16. Minute verletzte sich auch noch Libero Cesare Maldini so sehr, dass er nur noch auf dem rechten Flügel herumhumpeln konnte. Das nutzten die Stars di Stefano und Puskas weidlich aus: Nach 66 Minuten stand es 4:0 für Real, die Milanesen schafften nur noch das 1:4. "Diese Elf (Real) spielte noch nie besseren Fußball", behauptete die Madrider Presse nach der Partie.

Beim Rückspiel im San Siro gab Real das Mittelfeld preis. Lodetti erzielte das 1:0, Altafini das 2:0, und die drei Brasilianer Altafini, Amarildo und Sani wirbelten Real nach Belieben durcheinander, aber es reichte in der Gesamtabrechnung nicht mehr.

Als der BVB am 4. März 1964 in Prag antreten musste, hatte er trotz des Sieges über Benfica den Status eines krassen Außenseiters. In der CSSR war aber noch Winterpause angesagt. Dukla Prag verfügte daher über wenig Spielpraxis, was die Dortmunder sehr schnell erkannten und den Gegner ähnlich ausspielten, wie sie es mit den Portugiesen gemacht hatten. Eiskalt nutzten die Gelb-Schwarzen ihre Kontermöglichkeiten. Brungs, Konietzka und zweimal Wosab stellten das sensationelle

1963/64

Ergebnis von 4:0 her. Und das in Prag!

42.000 erwarteten nach diesem Ergebnis für das Rückspiel eine ähnliche Gala wie gegen Benfica. Rylewicz bracht den BVB auch in Führung, aber nun fühlten sich die Prager doch an der Ehre gepackt, und ehe es sich die leichtfertig gewordenen Borussen versahen, kamen sie in Bedrängnis. Masopust & Co. zeigten jetzt, was sie drauf hatten und wurden nach 90 Minuten vom Dortmunder Publikum mit viel Beifall verabschiedet - sie hatten 3:1 in der "Roten Erde" gewonnen.

Halbfinale ▶ Die Auslosung ergab für das Halbfinale die Paarungen FC Zürich - Real Madrid und Borussia Dortmund - Internazionale Mailand. In Madrid knallten wahrscheinlich jetzt schon die Sektkorken.

Real spielte in Zürich ganz locker ein 2:1 heraus, nach dem der Zürcher "Sport" die "Meringues" im Verdacht hatte, es noch gnädig gemacht zu haben, um zum Rückspiel in Madrid wenigstens noch ein paar Fans begrüßen zu können. Immerhin, es kamen 60.000, die den siebten Final-Einzug ihres Teams beim neunten Start feiern konnten. Real bot eine Klassepartie und schickte die biederen Schweizer mit 6:0 in den "Letzigrund" zurück.

Der ganze Ruhrpott fieberte dem Halbfinale gegen Inter am 15. Mai 1964 entgegen.

Wie gegen Benfica betrat der BVB in knallgelben "Leuchttrikots" das Stadion. Inter-Coach Herrera ließ den Ex-Wuppertaler Horst Szymaniak, der in Mailand normalerweise den Edelreservisten spielte, an diesem Tag auflaufen, da er vermutete, dass Szymaniak vor deutschem Publikum besonders motiviert wäre. Aber der WM-Teilnehmer von 1958 und '62, der mit Herrera nie klarkam, agierte insgesamt unglücklich.

Ein Kampf auf Biegen und Brechen entbrannte. Schon nach drei Minuten zirkelte Jair eine Flanke genau auf Mazzola, der zum Schrecken des BVB per Kopf das 0:1 markierte. Aber angefeuert von dem fantastischen Publikum nahm die Borussia den Kampf auf, und bald hatte Sarti im Mailänder Tor alle Hände voll zu tun. Aber auch er konnte nicht verhindern, dass der Sturmwirbel, den die Dortmunder erneut entfachten, in Tore umgemünzt wurde: In der 16. Minute nutzte Brungs einen Fehler Szymaniaks und erzielte aus 16 Metern den Ausgleich, und keine fünf Minuten später schlug der

1963/64

"Aki" Schmidt mit viel Ballgefühl

Borussen-Stürmer mittels eines herrlichen Kopfballes erneut zu - 2:1 für den BVB! Das Stadion stand Kopf. "Aki" Schmidt traf nur die Latte, Kurrat setzte Sarti einen mehr als fulminanten Schuss auf die Hütte, so dass der Inter-Keeper seine liebe Mühe hatte. Dortmund stürmte und stürmte - und vergaß Corso, der sich meist allein am Mittelkreis aufhielt, in der 44. Minute Bracht entwischte und den Ausgleich markierte. Dieser Schock saß tief, und der BVB erholte sich nicht mehr richtig davon.

Er wirkte auch noch im Rückspiel. Inter war einfach die bessere Mannschaft, und vor 100.000 Tifosi schossen Mazzola und Jair den 2:0-Sieg heraus. Trauriger Höhepunkt des Spiels war sicherlich der Tritt von Suarez in Kurrats Unterleib, was Schiedsrichter Tesanic aber nicht zum Einschreiten veranlasste. (Dafür schritt Tesanics Verband ein und sperrte den Referee einige Monate später lebenslänglich.)

Am 27. Mai 1964 fand im Wiener Praterstadion das neunte Finale um den Europapokal der Landesmeister statt. 70.000 Zuschauer erwarteten die Teams von Internazionale Mailand (in Blau-Schwarz) und Real Madrid (ganz in "königlichem" Weiß).

◀ Finale

Di Stefano (37) und Puskas (35) waren in die Jahre gekommen, und das bekamen an diesem Abend auch beide zu spüren. Picchi und Guarneri ließen die Real-Stars nicht zur Geltung kommen. Sarti brachte als sicherer Schlussmann seine ganze Routine ein. (Er hatte im Übrigen mit di Stefano und Gento noch eine sportliche Rechnung zu begleichen: Als Torhüter des AC Florenz hatten ihm die beiden beim Endspiel 1957 zwei Treffer ins Netz gesetzt.) Burgnich und Facchetti bildeten ein Weltklasseverteidigerpaar, ganz in der Tradition der Juve-Verteidiger der 20er Jahre, Caligaris und Rosetti, oder des italienischen WM-Abwehrduos von 1938, Foni und Rava. Und Herrera hatte das gewohnte Rezept verordnet: Aus einer Betonabwehr heraus Konterattacken starten!

Real war zwar optisch überlegen, aber nicht so gefährlich wie Inter, das seine Chancen eiskalt nutzte: In der 43. Minute erzielte Mazzola das 1:0, und nach etwas mehr

1963/64

Die Finalisten Real Madrid hinten v.l: Train, Sanchez, Santamaria, Pachin, Muller, Zocco vorne v. l.: Amaro, Felo, die Stefano, Puskas, Gento

Inter Mailand vor dem Finale hinten v. l.: Sarti, Guarneri, Facchetti, Milani, Burgnich, Picci vorne v. l.: Jair, Suarez, Mazzola, Tagnin, Corso

als einer Stunde sorgte Milani für die Vorentscheidung - 2:0 für Inter. Nach Felos Anschlusstreffer in der 70. Minute kam auf Seiten Reals noch einmal Hoffnung auf. Aber Inters Antwort ließ nicht lange auf sich warten. Sechs Minuten später spielte der ebenfalls in die Jahre gekommene Santamaria einen katastrophalen Rückpass zu Vicente. Da spritzte der 22-jährige Sandro Mazzola (der Sohn des großen Valentino Mazzola, der den AC Turin zwischen 1943 und 1949 fünfmal hintereinander zur Meisterschaft in der Serie A geführt hatte und im Mai 1949 beim Flugzeugabsturz von Superga ums Leben gekommen war) dazwischen, umspielte Vicente und stellte den 3:1-Endstand her.

Die Jugend hatte das Alter besiegt, der "Catenaccio" den Offensivgeist. Es war sicherlich das schwächste Endspiel bis zu jenem Zeitpunkt.

Inter Mailand

Sarti; Burgnich, Facchetti; Tagnini, Guarneri, Picchi; Jair, Mazzola, Milani, Suarez, Corso

Real Madrid

Vicente; Isidro, Pachin; Muller, Santamaria, Zocco; Amancio, Felo, di Stefano, Puskas, Gento

••• Nach diesem Spiel ging ein Gespenst um in Europa - das Gespenst des destruktiven Fußballs, das Gespenst des Minimalismus. Zum ersten Mal tauchte auf dem grünen Rasen die Fratze des abgezockten "Scheißmillionärs" auf, dem es egal war, ob er für den FC Schalke oder den FC "Scheiße" spielte, wie es ein Vertreter dieser Spielergattung formulierte. Bis heute wird das Prinzip des minimalistischen Fußballs immer wieder einmal bestätigt, leider auch und gerade im Europacup. Aber wir dürfen zwischendurch mit schöner Regelmäßigkeit auch wahre Fußballfeste feiern. Denken wir z. B. an die Weltmeisterschaften 1966 und 1970 oder auch an das UEFA-Cup-Finale 2001 zwischen dem FC Liverpool und CD Alaves in Dortmund (5:4 n.V.).

Diese Fußballfeste sind es, die uns hoffen lassen, dass die Puskas' und di Stefanos dieser Welt die Herreras und sonstigen "Sklaventreiber" immer aufs Neue besiegen werden und Kopas "football champagne" immer wieder genossen werden kann. •••

Die Statistik

1956 REAL MADRID
1957 REAL MADRID
1958 REAL MADRID
1959 REAL MADRID
1960 REAL MADRID
1961 BENFICA LISSABON
1962 BENFICA LISSABON
1963 AC MAILAND
1964 INTER MAILAND

• 1955/56: Real Madrid

Achtelfinale
Sporting Lissabon - Partizan Belgrad 3:3, 2:5; MTK (Vörös Lobogo) Budapest - RSC Anderlecht 6:3, 4:1; Servette Genf - Real Madrid 0:2, 0:5; Rot-Weiß Essen - Hibernian Edinburgh 0:4, 1:1; Aarhus GF - Stade de Reims 0:2, 2:2; Rapid Wien - PSV Eindhoven 6:1, 0:1; Djurgarden Stockholm - Gwardia Warschau 0:0, 4:1; AC Mailand - 1. FC Saarbrücken 3:4, 4:1

Viertelfinale
Hibernian Edinburgh - Djurgarden Stockholm 3:1, 1:0; Stade de Reims - MTK (Vörös Lobogo) Budapest 4:2, 4:4; Real Madrid - Partizan Belgrad 4:0, 0:3; Rapid Wien -AC Mailand 1:1, 2:7

Halbfinale
Stade de Reims - Hibernian Edinburgh 2:0, 1:0; Real Madrid - AC Mailand 4:2, 1:2

Endspiel am 13. Juni 1956 in Paris
Real Madrid - Stade Reims 4:3 (2:2)
Real Madrid: Alonso - Atienza, Lesmes - Munoz, Marquitos, Zarraga - Joseito, Marchal, Di Stefano, Rial, Gento
Tore: Rial (2), Di Stefano, Joseito (Lebiond, Templin, Hidalgo für Reims)
Schiedsrichter: Ellis (England)
Zuschauer: 40 000

• 1956/57: Real Madrid

Viertelfinale
Borussia Dortmund - Spora Luxemburg 4:3, 1:2, 7:0; Dinamo Bukarest - Galatasaray Istanbul 3:1, 1:2; Slovan Bratislava - Armeeklub (Legia) Warschau 4:0, 0:2; RSC Anderlecht - Manchester United 0:2, 0:10; Aarhus GF - OGC Nizza 1:1, 1:5; FC Porto - Atletico Bilbao 1:2, 2:3

Achtefinale
Manchester United - Borussia Dortmund 3:2, 0:0; Armeeklub Sofia - Dinamo Bukarest 8:1, 2:3; Slovan Bratislava - Grasshoppers Zürich 1:0, 0:2; Glasgow Rangers - OGC Nizza 2:1, 1:2, 1:3; Real Madrid - Rapid Wien 4:2, 1:3, 2:0; Rapid Heerlen - Roter Stern Belgrad 3:4, 0:2; AC Florenz - IFK

Statistik

Norrköping 1:1, 1:0 Atletico Bilbao - Honved Budapest 3:2, 3:3

Viertelfinale
Atletico Bilbao - Manchester United 5:3, 0:3; AC Florenz - Grasshoppers Zürich 3:1, 2:2; Roter Stern Belgrad - Armeeklub Sofia 3:1, 1:2; Real Madrid - OGC Nizza 3:0, 3:2

Halbfinale
Roter Stern Belgrad - AC Florenz 0:1, 0:0; Real Madrid - Manchester United 3:1, 2:2

Endspiel am 30. Mai 1957 in Madrid
Real Madrid - AC Florenz 2:0 (0:0)
Real Madrid: Alonso - Torres, Lesmes - Munoz, Marquitos, Zarraga - Kopa, Mateos, Di Stefano, Rial, Gento
Tore: Di Stefano, Gento
Schiedsrichter: Horn (Holland)
Zuschauer: 125 000

• 1957/58: Real Madrid

1. Runde
Armeeklub Sofia - Vasas Budapest 2:1, 1:6; Glasgow Rangers - AS St. Etienne 3:1, 1:2; Stade Düdelingen - Roter Stern Belgrad 0:5, 1:9; Aarhus GF - FC Glenavon Belfast 0:0, 3:0; Gwardia Warschau - Wismut Karl-Marx Stadt 3:1, 1:3 (in Aue), 1:1 n. Verl. (in Berlin) (Los für Wismut); FC Sevilla - Benfica Lissabon 3:1, 0:0; Shamrock Rovers Dublin - Manchester United 0:6, 2:3; AC Mailand - Rapid Wien 4:1, 2:5, 4:2 (in Zürich)

Achtelfinale
FC Antwerpen - Real Madrid 1:2, 0:6; IFK Norrköping - Roter Stern Belgrad 2:2, 1:2; Wismut Karl-Marx Stadt - Ajax Amsterdam 1:3 (in Aue), 0:1; Manchester United - Dukla Prag 3:0, 0:1; Young Boys Bern - Vasas Budapest 1:1 (in Genf) 1:2, Glasgow Rangers - AC Mailand 1:4, 0:2; Borussia Dortmund - Armeeklub Bukarest 4:2, 1:3, 3:1 (in Bologna); FC Sevilla - Aarhus GF 4:0, 0:2

Viertelfinale
Manchester United - Roter Stern Belgrad 2:1, 3:3; Real Madrid - FC Sevilla 8:0, 2:2; Ajax Amsterdam - Vasas Budapest 2:2, 0:4; Borussia Dortmund - AC Mailand 1:1, 1:4

Statistik

Halbfinale
Real Madrid - Vasas Budapest 4:0, 0:2; Manchester United - AC Mailand 2:1, 0:4

Endspiel am 29. Mai 1958 in Brüssel
Real Madrid - AC Mailand 3.2 nach Verl. (2:2, 0:0)
Real Madrid: Alonso - Atienza, Lesmes - Santisteban, Santamaria, Zarraga - Kopa, Joseito, Di Stefano, Rial, Gento
Tore: Di Stefano, Rial, Gento (Schiaffino, Grilio für Mailand).
Schiedsrichter: Alsteen (Belgien)
Zuschauer: 70 000

● 1958/59: Real Madrid

1. Runde
BK Kopenhagen - FC Schalke 04 3:0, 2:5, 1:3 (in Enschede); Standard Lüttich - Heart of Midlothian Edinburgh 5:1, 1:2; Jeunesse Esch - IFK Göteborg 1:2, 1:0, 1:5; Atletico Madrid - Drumcondra Dublin 8:0, 5:1; FC Newtonards - Stade de Reims 1:4, 2:6; Wismut Karl Marx Stadt - Petrolul Ploesti 4:2, 0:2, 4:0 (in Kiew); Polonia Beuthen - MTK Budapest 0:3, 0:3; Juventus Turin - Wiener Sport Klub 3:1, 0:7; Dinamo Zagreb - Dukla Prag 2:2, 1:2; DOS Utrecht - Sporting Lissabon 3:4, 1:2; Olympiakos Piräus verzichtete gegen Besiktas Istanbul

Achtelfinale
Sporting Lissabon - Standard Lüttich 2:3, 0:2; Atletico Madrid - Armeeklub Sofia 2:1, 0:1, 3:1 n. Verl. (in Genf); MTK Budapest - Young Boys Bern 1:2, 1:4; Wiener Sport-Klub - Dukla Prag 3:1, 01; IFK Göteborg - Wismut Karl-Marx Stadt 2:2, 0:4 (in Aue); Wolverhampton Wanderers - FC Schalke 04 2:2, 1:2; Stade de Reims - Pallosuera Helsinki 4:0 (in Paris), 3:0 (in Rouen); Real Madrid - Besiktas Istanbul 2:0, 1:1

Viertelfinale
Standard Lüttich - Stade de Reims 2:0, 0:3; Atletico Madrid - Schalke 04 3:0, 1:1; Wiener Sport-Klub - Real Madrid 0:0, 1:7; Young Boys Bern - Wismut Karl-Marx Stadt 2:2, 0:0 (in Aue), 2:1 (in Amsterdam)

Halbfinale
Young Boys Bern - Stade de Reims 1:0, 0:3 (in Paris); Real Madrid - Atletico Madrid 2:1, 0:1, 2:1 (in Saragossa).

Statistik

Endspiel am 3. Juni 1959 in Stuttgart
Real Madrid - Stade de Reims 2:0 (1:0)
Real Madrid: Dominguez - Marquitos, Zarraga, Santisteban, Santamaria, Ruiz - Kopa, Mateos, Di Stefano, Rial, Gento.
Tore: Mateos, Di Stefano
Schiedsrichter: Dusch (Deutschland)
Zuschauer: 70 000

● 1959/60: Real Madrid

1. Runde
OGC Nizza - Shamrock Rovers Dublin 3:2, 1:1; Armeeklub Sofia - FC Barcelona 2:2, 2:6; Wiener Sport-Klub - Petrolul Ploesti 0:0, 2:1; Jeunesse Esch - LKS Lodz 5:0,1:2; FC Linfield Belfast - Göteborg IFK 2:1, 1:6; Roter Stern Bratislava - FC Porto 2:1, 2:0; Olympiakos Piräus - AC Mailand 2:2, 1:3; Fenerbahce Istanbul - Csepel Budapest 1:1, 3:2; Glasgow Rangers - RSC Anderlecht 5:2, 2:0; Vorwärts Berlin - Wolverhampton Wanderers 2:1, 0:2; Kuopio PS verzichtete gegen Eintracht Frankfurt

Achtelfinale
Odense BK -Wiener Sport Klub 0:3, 2:2; Real Madrid - Jeunesse Esch 7:0, 5:2; Sparta Rotterdam - IFK Göteborg 3:1, 1:3, 3:1 (in Bremen); Young Boys Bern - Eintracht Frankfurt 1:4, 1:1; AC Mailand - FC Barcelona 0:2, 1:5; Roter Stern Belgrad - Wolverhampton Wanderers 1:1, 0:3; Glasgow Rangers - Roter Stern Bratislava 4:3, 1:1; Fenerbahce Istanbul - OGC Nizza 2:1, 1:2, 1:5 (in Genf).

Viertelfinale
OGC Nizza - Real Madrid 3:2, 0:4; FC Barcelona - Wolverhampton Wanderers 4:0, 5:2; Eintracht Frankfurt - Wiener Sport-Klub 2:1, 1:1; Sparta Rotterdam - Glasgow Rangers 2:3, 1:0, 2:3 (in London).

Halbfinale
Eintracht Frankfurt - Glasgow Rangers 6:1, 6:3; Real Madrid - FC Barcelona 3:1, 3:1

Endspiel am 18. Mai 1960 In Glasgow
Real Madrid - Eintracht Frankfurt 7:3 (3:1)
Real Madrid: Dominguez - Marquitos, Pachin - Vidal, Santamaria, Zarraga - Canario, Del Sol, Di Stefano, Puskas, Gento

Statistik

Eintracht Frankturt: Loy - Lutz, Höfer - Weilbächer, Eigenbrodt, Stinka - Kreß, Lindner, Stein, Pfaff, Maler.
Tore: Puskas (4), Di Stefano (3) - Stein (2), Kreß.
Schiedsrichter: Mowat (Schottland).
Zuschauer: 128000

Statistik

• 1960/61: Benfica Lissabon

1. Runde
FC Limerick - Young Boys Bern 0:5, 2:4; Frederikstad FK - Ajax Amsterdam 4:3, 0:0; Helsinki IFK - Malmö IFK 1:3, 1:2; Stade de Reims - Jeneusse Esch 6:1, 5:0; Rapid Wien - Besiktas Istanbul 4:0, 0:1; Aarhus GF - Legia Warschau 3:0, 0:1; FC Barcelona - Lierse SK 2:0, 1:0; Roter Stern Belgrad - Ujpest Budapest 1:2, 0:3; Heart of Midlothlan Edinburgh - Benfica Lissabon 1:2, 0:3; Juventus Turin - Armeeklub Sofia 2:0,1:4; Steaua Bukarest verzichtet gegen Spartak Hradec Kralove, und Glenavon Belfast verzichtet gegen Wismut Karl-Marx Stadt

Achtelfinale
Aarhus GF - Frederikstad FK 3:0, 1:0; Malmö IFK - Armeeklub Sofia 1:0, 1:1; Young Boys Bern - Hamburger SV 0:5, 3:3; Spartak Hradec Kralove - Panathinaikos Athen 1:0, 0:0; Benfica Lissabon - Ujpest Budapest 6:2, 1:2; Real Madrid - FC Barcelona 2:2, 1:2; Rapid Wien - Wismut Karl-Marx Stadt 3:1, 0:2, 1:0 (in Basel); FC Burnley - Stade de Reims 2:0, 2:3 (in Paris)

Viertefinale
FC Burnley - Hamburger SV 3:1, 1:4; FC Barcelona - Spartak Hradec Kralove 4:0, 1:1; Benfica Lissabon - Aarhus GF 3:1, 4:1; Rapid Wien - Malmö IFK 2:0, 2:0

Halbfinale
FC Barcelona - Hamburger SV 1:0, 1:2, 1:0 (in Brüssel); Benfica Lissabon - Rapid Wien 3:0, 1:1 (abgebrochen).

Endspiel am 31. Mai 1961 in Bern
Benfica Lissabon - FC Barcelona 3:2 (2:1)
Benfica Lissabon: Costa Pereira - Joao, Angelo - Neto, Germano, Cruz - Augusto, Santana, Aguas, Coluna, Cavem
Tore: Aguas, Augusto, Coluna (Kocsis, Czibor für Barcelona).
Schiedsrichter: Dienst (Schweiz)
Zuschauer: 27 000.

• 1961/62: Benfica Lissabon

1. Runde
1. FC Nürnberg - Drumcondra Dublin 5:0, 4:1; Vorwärts Berlin - FC Linfield Belfast 3:0, Rückspiel ausgefallen; AS Monaco - Glasgow Rangers 2:3, 2:2; IFK Göteborg - Feyenoord Rotterdam 0:3, 2:8; Armeeklub Sofia - Dukla Prag 4:4, 1:2;

Vasas Budapest - Real Madrid 0:2, 1:2; Servette Genf - Hibernian La Valetta 5:0, 2:1; Standard Lüttich - Fredrikstads FK 2:1, 2:0 (in Oslo); Spora Luxemburg - Odense BK 1913 0:6, 2:9; Gornik Zabrze - Tottenham Hotspur 4:2 (in Kattowitz), 1:8; Sporting Lissabon - Partizan Belgrad 1:1, 0:2; Panathinaikos Athen - Juventus Turin 1:1, 1:2; Armeeklub (Steaua) Bukarest - Austria Wien 0:0, 0:2.

Achtelfinale
Odense BK 1913 - Real Madrid 0:3, 0:9; Fenerbahce Istanbul - 1. FC Nürnberg 1:2, 0:1; Standard Lüttich - Haka Valkeakoski 5:1, 2:0; Austria Wien - Benfica Lissabon 1:1, 1:5; Feyenoord Rotterdam -Tottenham Hotspur 1:3, 1:1; Servette Genf - Dukla Prag 4:3, 0:2; Partizan Belgrad - Juventus Turin 1:2, 0:5; Vorwärts Berlin - Glasgow Rangers 1:2, 1:4 (Rückspiel in Malmö)

Viertelfinale
1. FC Nürnberg - Benfica Lissabon 3:1, 0:6; Standard Lüttich - Glasgow Rangers 4:1, 0:2; Dukla Prag - Tottenham Hotspur 1:0, 1:4; Juventus Turin - Real Madrid 0:1, 1:0, 1:3 (in Paris)

Halbfinale
Benfica Lissabon - Tottenham Hotspur 3:1, 1:2; Real Madrid - Standard Lüttich 4:0, 2:0.

Endspiel am 2. Mai 1962 in Amsterdam
Benfica Lissabon - Real Madrid 5:3 (2:3)
Benfica Lissabon: Costa Pereira - Joao, Angelo - Cavem, Germano, Cruz - Jose Augusto, Eusebio, Aguas, Coluna, Simoes
Tore: Eusebio (2), Aguas, Cavem, Coluna (Puskas schoß alle drei Tore für Real)
Schiedsrichter: Horn (Holland)
Zuschauer: 62 000

● 1962/63 - AC Mailand

1. Runde
IFK Norrköping - Partizan Tirana 2:0, 1:1; Fredrikstads FK - Vasas Budapest 1:4, 0:7; FC Linfield Belfast - Esbjerg FB 1:2, 0:0; Austria Wien - IFK Helsinki 5:3, 2:0; Real Madrid - RSC Anderlecht 3:3, 0:1; FC Dundee - 1. FC Köln 8:1, 0:4; Dinamo Bukarest - Galatasaray Istanbul 1:1, 0:3; AC Mailand - Union

Statistik

Luxemburg 8:0, 6:0; Polonia Beuthen - Panathinaikos Athen 2:1 (in Chorzow), 4:1; Servette Genf - Feyenoord Rotterdam 1:3, 3:1, 1:3 n. V. (in Düsseldorf); Floriana La Valetta - Ipswich Town 1:4, 0:10; Armeeklub Sofia - Partizan Belgrad 2:1, 4:1; Shelbourne Dublin - Sporting Lissabon 0:2, 1:5; Vorwärts Berlin - Dukla Prag 0:3, 0:1

Achtelfinale
Austria Wien - Stade de Reims 3:2, 0:5 (in Paris); Armeeklub Sofia- RSC Anderlecht 2:2, 0:2; Sporting Lissabon - FC Dundee 1:0, 1:4; IFK Norrköping - Benfica Lissabon 1:1, 1:5; Galatasaray Istanbul - Polonia Beuthen 4:1, 0:1 (in Kattowitz); Esbjerg FB - Dukla Prag 0:0 (in Vejle), 0:5; Feyenoord Rotterdam - Vasas Budapest 1:1, 2:2, 1:0 (in Antwerpen); AC Mailand - Ipswich Town 3:0, 1:2

Viertelfinale
Galatasaray Istanbul - AC Mailand 1:3, 0:5; RSC Anderlecht - FC Dundee 1:4, 2:2; Benfica Lissabon - Dukla Prag 2:1, 0:0; Stade de Reims - Feyenoord Rotterdam 0:1, 1:1

Halbfinale
Feyenoord Rotterdam - Benfica Lissabon 0:0, 1:3; AC Mailand - FC Dundee 5:1, 0:1

Endspiel am 22. Mai 1963 in London
AC Mailand - Benfica Lissabon 2:1 (0:1)
AC Mailand: Ghezzio - David, Trebbi - Benitez, Maldini, Trapattoni - Pivatelli, Sani, Altafini, Rivera, Mora
Tore: Altafini (2), (Eusebio für Benfica)
Schiedsrichter: Holland (England)
Zuschauer: 46 000

• 1963/64: Inter Mailand

1. Runde: Lyn Oslo - Borussia Dortmund 2:4, 1:2; FC Dundalk - FC Zürich 0:3, 2:1; Partizan Belgrad - Anorthosis Famagusta 3:0, 3:1; Partizan Tirana - Spartak Plovdiv 1:0, 1:3; Galatasaray Istanbul - Ferencvaros Budapest 4:0, 0:2; Dukla Prag - FC La Valetta 6:0, 2:0; Dinamo Bukarest - Motor Carl-Zeiss Jena 2:0, 1:0; FC Everton - Internazionale Mailand 0:0, 0:1; Gornik Zabrze - Austria Wien 1:0 (in Chorzow), 0:1, 2:1 (in Wien); AS Monaco - AEK Athen 7:2 (in Nizza), 1:1; Distillery Beffast - Benfica Lissabon 3:3, 0:5; Standard Lüttich - IFK Norrköping 1:0, 0:2; Haka Valkeakoski - Jeunesse Esch 4:1, 0:4; Esbjerg FB - PSV Eindhoven 3:4, 1:7; Glasgow

Rangers - Real Madrid 0:1, 0:6
Achtelfinale
Benfica Lissabon - Borussia Dortmund 2:1, 0:5; Dinamo Bukarest - Real Madrid 1:3, 3:5; Gornik Zabrze - Dukla Prag 2:0, 1:4; Spartak Plovdiv - PSV Eindhoven 0:1, 0:0; FC Zürich - Galatasaray Istanbul 2:0, 0:2, 2:2 n. Verl. (in Rom), Los für Zürich; Jeunesse Esch - Partizan Belgrad 2:1, 2:6; Internazionale Mailand - AS Monaco 1:0, 3:1 (in Marseille); IFK Norrköping - AC Mailand 1:1, 2:5.
Viertelfinale
Real Madrid - AC Mailand 4:1, 0:2; Partizan Belgrad - Internazionale Mailand 0:2,12; PSV Eindhoven - FC Zürich 1:0, 1:3; Dukla Prag - Borussia Dortmund 0:4, 3:1
Halbfinale
Borussia Dortmund - Internazionale Mailand 2:2, 0:2; FC Zürich - Real Madrid 1:2, 0:6.

Endspiel am 27. Mai 1964 in Wien
Internazionale Mailand - Real Madrid 3:1 (1:0)
Mailand: Sarti - Burgnich, Facchetti - Tagnin, Guarneri, Picchi - Jair, Mazzola, Milani, Suarez, Corso.
Tore: Mazzola (2), Milani (Felo für Real)
Schiedsrichter: Stoll (Österreich)
Zuschauer: 72 000

Unser Fußball-Brockhaus Europa

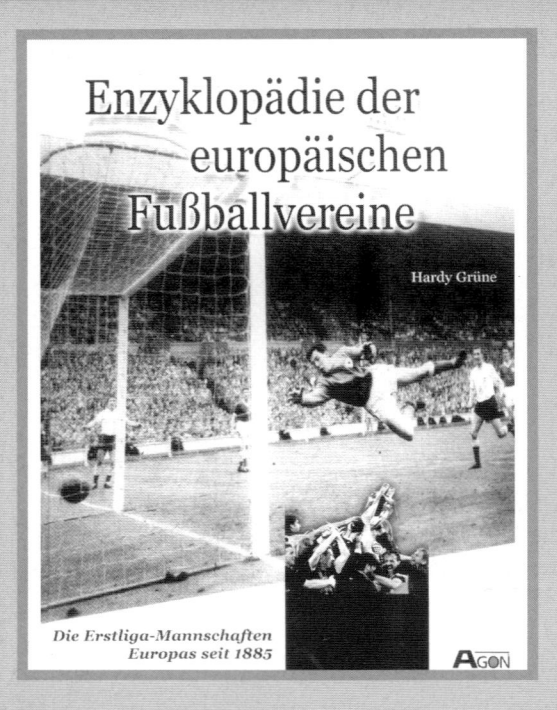

Enzyklopädie der europäischen Fußballvereine

Hardy Grüne

Die Erstliga-Mannschaften Europas seit 1885

AGON

"Was diesen Fußball-Brockhaus unverwechselbar macht, ist seine stimmige Mischung zwischen Mega-Statistik zu rund 8.000 Klubs und der hochspannende Lesestoff. Rund um das Leder erfüllt Hardy Grüne einen Bildungsauftrag. Er verquickt in seinen Länderkapiteln sportliche, geschichtliche und politische Entwicklungen. Auch in der Diaspora schludert der Weltenbummler nicht. Ob er ausführlich Andorra, Färöer, Lettland oder das Mutterland des modernen Fußballs, England, porträtiert, stets liegt eine fundierte und kompetente Recherche zu Grunde. Aus jeder der 512 kleingedruckten Seiten im Hardcover-Einband strotzen Akribie und Hingabe"
Remscheider Generalanzeiger

Enzyklopädie der europäischen Fußballvereine
512 Seiten, 500 Fotos, 5.000 Embleme
45,50 Euro. ISBN: 3-89784-163-0

AGON

Frankfurter Straße 92a
34121 Kassel
0561 - 766 90 150
AGON.Sportverlag@web.de